国家智库报告 财经
National Think Tank

NAES宏观经济形势分析
（2015年第3季度）

中国社会科学院财经战略研究院 著

NAES MACROECONOMIC SITUATION ANALYSIS
(THIRD QUARTER 2015)

中国社会科学出版社

图书在版编目(CIP)数据

NAES宏观经济形势分析.2015年第3季度/中国社会科学院财经战略研究院著.—北京：中国社会科学出版社，2015.11

（国家智库报告）

ISBN 978-7-5161-7009-0

Ⅰ.①N… Ⅱ.①中… Ⅲ.①宏观经济—经济分析—中国 Ⅳ.①F123.16

中国版本图书馆CIP数据核字（2015）第257909号

出 版 人	赵剑英
责任编辑	王 曦
责任校对	周晓东
责任印制	李寡寡

出　　版	中国社会科学出版社
社　　址	北京鼓楼西大街甲158号
邮　　编	100720
网　　址	http://www.csspw.cn
发 行 部	010-84083685
门 市 部	010-84029450
经　　销	新华书店及其他书店
印刷装订	北京君升印刷有限公司
版　　次	2015年11月第1版
印　　次	2015年11月第1次印刷
开　　本	787×1092　1/16
印　　张	10.5
插　　页	2
字　　数	91千字
定　　价	48.00元

凡购买中国社会科学出版社图书，如有质量问题请与本社营销中心联系调换
电话：010-84083683
版权所有　侵权必究

编委会

编委会主任 高培勇

编委会副主任 夏杰长　汪红驹

编委会委员（按姓氏笔画排名）

　　　　　　王迎新　王朝阳　田　侃　冯　静　刘　奕

　　　　　　李勇坚　杨志勇　汪德华　张　斌　张群群

　　　　　　张德勇　依绍华　赵　瑾　钟春平　夏先良

　　　　　　倪鹏飞　戴学峰

序　言

从 2015 年起，中国社会科学院财经战略研究院推出宏观经济季度分析报告——《NAES 宏观经济形势分析》。自此，在宏观经济领域，财经院每年推出的分析报告形成了由月度、季度和年度报告所组成的完整系列。

其实，在 2011 年年末财经院组建之后，肩负中国社会科学院院党组赋予的致力于全局性、战略性、前瞻性经济问题研究的重任，宏观经济便被作为一个亟待拓展和重点建设的学科领域而进入财经院"国家级学术性智库"建设的棋局之中。三年多来，随着研究力量的蓄积和研究水平的提升，聚焦于宏观经济形势分析，我们先后推出了年度报告——《中国宏观经济运行报告》、月度报告——《NAES 月度经济分析》。在既有年度报告和月度报告的基础上增添季度报告，做如此的抉择，是经过深刻而慎重考虑的。

一

无论采用哪样一种指标加以评估，也无论是就全球而论还是单就中国而言，走入新常态的宏观经济形势变化极大，绝对不可与以往同日而语。它带给人们的总的感受是，当前的国内外经济形势越来越错综复杂，越来越扑朔迷离。而且，经济因素与非经济因素交织在一起，周期性因素和结构性因素相叠加，其画面，令人眼花缭乱。比如中国经济增长速度一路下滑，从2007年的14.2%到2010年的10.4%，再到2014年的7.4%，只用了7年的时间。又如，财政收入增长速度，"十一五"期间是年均21.3%，2011年还是25%，到2014年，即便采取了包括部分金融机构增加上缴利润等一系列非常规的特殊措施，也仅为8.6%。进入2015年以来，经济下行的压力有增无减，财政收入下滑速度进一步加快。经济增长面临"破七"可能，作为最具综合性的经济指标之一的财政收入增速，在1—2月，事实上已经滑落至3.2%。

应当说，经济和财政收入增长速度的放缓或下滑，其本身并不足惧。因为，即便以这样的增速同当今世界的其他经济体做横向比较，也算是高速度。况且，按照经济发展新常态的理念加以分析，其中有些成分还是我们一直想要的，算是乐见其成。当然，有些成分并不是我们想要的，属于被迫接受之列。有些是周期性因素造成的，有些则是经济结构调整的结果。问题在于，在总盘子中，乐见其成和被迫接受的成分各自占的比例如何？周期性因素和结构性因素的作用分别是怎样一种情形？又有哪些是常态性的现象，哪些是短时的现象？如此等等。这些显然不是可不可以回答的，而是躲不开、绕不过，必须回答的事关中国经济发展全局的重大战略问题。

也应当坦承，与以往大不相同的当前极为错综复杂、扑朔迷离的经济形势，在很多方面，是我们所不大熟悉的，凭借以往的知识结构和研究经验难以做出清晰阐释的。所以，面对新形势、新变化，我们的宏观经济分析工作必须以超出以往的精力和气力投入，走出一条"增密度"和"精细化"的新路子。

二

依照常识，经济形势越趋于严峻，越风云变幻，就越需要政府加强宏观调控。认识到经济增长状况已经有划出区间调控边界的可能，注意到李克强总理已经在"两会"期间做出了"确保经济运行在合理区间"的承诺，可以肯定且可能在较大范围内达成共识的一点是，近期政府将推出一系列旨在稳增长方面加力增效的宏观经济政策。

然而，面对社会各界事实上已经形成的政府出台规模更大、效果更为显著的经济刺激措施预期，我们必须清醒地意识到，政府固然有出手的必要，甚至也有出更大手的必要，但绝不意味着可以复制2008—2010年的经济刺激政策版本。道理非常简单，相对于2008—2010年，今天我们身处的国内外经济环境已经与以往大不相同。

除了我们上述的经济形势的变化之外，至少还有如下三个层面的变化是必须引入宏观调控视野的：

其一，对形势的判断变化了。无论是学术界还是决策层，也无论是企业还是家庭，随着国内外经济形势的变化，人们对于形势的认识和判断也在发生变化。一个最为明显的事实是，在今天，我们已经启用"新常态"这样一个新字眼来表达对今天宏观经济形势不同于以往的判断。所以，立足于中国经济正在向形态更高级、功能更齐全、作用更完整、结构更合理的阶段演化的新判断，有关宏观调控的抉择必须与新常态相契合，建立在主动适应并引领新常态的基础之上。

其二，治国理政的思路变化了。随着形势的变化以及对于形势判断的变化，新一届中央领导集体领导经济工作的思路也在发生变化，已经形成了一系列与以往大不相同的宏观调控新理念。比如，让市场在资源配置中发挥决定性作用，凡是市场和企业能决定的，都要交给市场；要主动做好政府该做的事，要有所为有所不为；要的是有质量、有效益、可持续的发展，要的是以比较充分就业和提高劳动生产率、投资回报率、资源配置效率为支撑的发展；保持一定经济增速，主要是为了保就业；宏观经济政策要保持定力，向社会释放推进经济结构调整的坚定信号；只要经济运行处于合理区间，宏观经济政策就保持基本稳定；要避免强刺激政策给经济发展带来的副作用，如此等等。所以，鉴于建立在新形势、新判断基础上的治国理政思路已经发生变化，有关宏观调控的抉择必须同新的经济工作理念相对接，根据新理念创新宏观调控体制和方式方法。

其三，宏观经济政策格局变化了。随着形势的变化，对于形势判断的变化以及治国理政思路的变化，不仅宏观经济政策功能定位同时指向发挥逆周期调节和推动结构调整两个方面作用，而且宏观经济政策的目标选择也同时指向稳增长、保就业、防风险、调结构、稳物价、惠民生、促改革等多重目标。这意味着，我们不得不将有限的宏观调控资源同时配置于双重作用和多重目标，从而难免使以往的"歼灭战"演化为"阵地战"。这也意味着，我们可以依托的宏观调控空间变窄，从而难免使宏观调控的操作目标或着力重点频繁调整。所以，即便宏观经济政策的基本面亟待在扩张方面加力增效，我们也必须在兼顾稳增长、保就业、防风险、调结构、稳物价、惠民生、促改革等多重目标的前提下，围绕逆周期调节和推动结构调整两个方面的功能作用妥善安排好宏观经济政策的新格局。

面对这一系列变化，合乎逻辑的选择自然是，即便当前经济下行压力持续加大，即便通货紧缩威胁步步紧逼，宏观调控绝不可病急乱投医，重走2008—2010年的强刺激老路。基于新形势、新判断、新理念和新格局，我们须走出一条与以往大不相同的宏观调控新路子。

还应当坦承，对于宏观调控的新路子，对于适应经济发展新常态的宏观调控新格局，我们尚不十分清晰，还需在不断探索中逐步走上正常轨道。所以，围绕宏观调控问题的分析和抉择，不仅要"冷静观察，谨慎从事，谋后而动，看清楚再下手"，而且要以此为基础，抓住主要矛盾和突出问题，在加强政策研究的"针对性"和操作反应的"及时性"上下功夫。

三

相对而言，在中国特色新型智库建设的进程中，财经院算是起步较早的。2011年以来，立足于"国家级学术型智库"功能定位，我们围绕宏观经济领域的重大理论和现实问题研究进行了多方面探索，积累了一些经验，已经初步搭建了一套根植于财经院院情、适合财经院特点的智库运行机制。

有别于大量的无固定人员编制、无专职研究人员、无稳定经费支持的"平台性"智库，财经院是有固定人员编制、专职研究人员和稳定经费支持的"实体性"智库。故而，与通常以课题为线索、随课题而组建团队、人员与经费时常变化的平台性智库的运行有所不同，作为当今中国为数不多的实体性智库之一，财经院显然可归入最适于从事长期蹲守、持续追踪的宏观经济研究，最适于提供科学、及时、系统和可持续的宏观经济研究成果的研究机构系列。

不仅如此，财经院是在原来的财政与贸易经济研究所基础上组建的。由往日的财贸所到今天的财经院，尽管在很多方面发生了变化，但覆盖学科众多、涉及专业广泛一直是我们最为看重且始终引为优势的特点所在。凭借着学科众多、专业广泛的优势，在坚持以问题为导向的智库运行线索中，我们有可能构建一个不同于其他智库的"多学科会诊问题"的特殊机制，以"真正学有所长"的专业化研究根基逼近"真正能解决问题"的智库产品效果。

四

正是基于上述的种种考虑，我们决定，宏观经济季度分析报告——《NAES 宏观经济形势分析》将在对中国宏观经济形势做持续跟踪分析的基础上，于每年的 3 月、6

月、9月、12月同读者见面，向社会发布，形成可持续的研究成果系列。

我们也决定，宏观经济季度分析报告——《NAES宏观经济形势分析》的结构将定位于"1+N"——由一个宏观经济形势总体报告和若干学科、专业视角的宏观经济形势分报告组成，由此推动并形成举全财经院之力破解宏观经济难题的新格局。

我们更期望，以如此的努力投身于中国特色新型智库建设的洪流，为中国经济的持续健康发展做出应有的贡献。

高培勇

2015年3月28日

于《NAES宏观经济形势分析》（2015年第1季度）付梓前夕

目 录

总报告 更加突出防御性政策，防范经济金融
风险 …………………………………………（1）
专题一 第三季度财政形势分析与展望 ……………（46）
专题二 第三季度内贸流通形势分析与展望 ………（67）
专题三 第三季度进出口形势分析与展望 …………（81）
专题四 第三季度服务业形势分析与展望 …………（98）
专题五 第三季度物价形势分析与展望 ……………（116）
专题六 第三季度房地产形势分析与展望 …………（132）

总报告
更加突出防御性政策，
防范经济金融风险

——2015年第3季度宏观经济形势分析与第4季度预测

汪红驹　汪　川

摘　要

● 2015年三季度全球经济增长减缓，结构分化。发达国家经济总体复苏态势不稳，虽然美国经济增长势头明显，但欧元区和日本经济仍未摆脱经济困境；新兴经济体呈现明显的分化格局，在"金砖国家"中，中国、印度经济仍保持7%的经济增速，但俄罗斯、巴西两国经济陷入衰退，南非经济增速也陷入低谷。

● 国际金融市场震荡，国际资本从新兴市场国家回流欧美发达国家的趋势明显，新兴市场国家的汇率持续贬值，俄罗斯、巴西等国的通胀率居高不下。美元加息推迟之后，发达国家股市再次下挫，反映了国际金融危机之后长期量化宽松政策造成的股市高处不胜寒。从经济基本面看，国际金融市场震荡在短期内不会结束，而且发达国家与新兴市场国家的金融市场震荡有可能再次发作，拖累世界经济复苏。

● 三季度中国经济主要指标未见明显好转。投资增速仍然趋缓，消费增速平稳，出口暂时出现改善迹象，工业增速略微回落，预计中国2015年三季度GDP下滑至6.9%左右，消费物价指数（CPI）为1.9%左右。先行指标略微下移，国际金融市场风险上升，四季度仍有下行风险。假设不出现系统性风险，预计四季度经济增长6.9%左右，消费物价指数上涨1.8%左右。全年GDP预计增长7.0%左右，CPI上涨1.6%左右。

● 四季度国内和国际经济形势更加严峻，国内经济有"惯性下滑"的风险，经济政策需要更加突出防御性策略。需要高度警惕国际金融市场的外部冲击对中国经济和金融稳定的影响，正视经济减速的客观规律，将防风险和稳增长有效结合起来，扎紧篱笆，苦练内功，牢牢守住不发生系统性风险的底线。进一步实施积极有效的财政政策和稳健灵活的货币政策,继续深化经济体制改革,创新宏观调控方式方法,加大力度扩大国内需求,特别是促进投资稳定增长,使经济运行保持在合理区间。

第一部分　国际宏观经济形势分析[*]

2015年三季度,全球经济呈现深度调整。一方面,发达国家经济总体复苏态势不稳,虽然美国经济增长势头明显,但欧元区和日本经济仍未摆脱经济困境;另一方面,新兴经济体呈现明显的分化格局,在金砖国家中,中国、印度经济仍保持7%的经济增速,但俄罗斯、巴西两国经济陷入衰退,南非经济增速也陷入低谷。

在货币政策方面,一方面,美国经济增长和失业率数据表现良好,但通货膨胀尚未达到预期水平,且受美元持续升值影响,预计美联储将于年底启动加息进程;另一方面,由于经济复苏态势不稳,预计欧元区和日本央行将继续扩大宽松力度。受全球货币政策分化的影响,国际资本从新兴市场

---

[*] 本部分数据来源全部为 Wind 资讯。

国家回流欧美发达国家的趋势明显，新兴市场国家的汇率持续贬值，俄罗斯、巴西等国的通胀率居高不下。

受全球经济状况和货币政策影响，国际金融市场震荡明显：VIX波动性指数创2012年以来的高点，新兴市场ETF波动率指数更是屡创新高，这反映出金融市场对于全球经济增长以及新兴市场金融稳定性的担忧。

一　全球经济增速放缓

根据IMF于7月的预测，2015年全球经济增速达3.3%，较4月的预测下调0.2%，并维持明年3.8%的全球经济增速预测。其中，发达国家2015年预计增长2.1%，较4月预测下降0.3%，新兴市场国家预计增长4.2%，预测下调了0.1%。

从国别来看，IMF虽然较多下调了美国经济增速，但美国仍是发达国家经济增长的引擎，预计2015年经济增长2.5%；相比之下，欧元区和日本经济增长仍呈疲惫态势，IMF维持欧元区1.5%的经济增速预测不变，但下调日本经济增速2个百分点至0.8%。对于新兴市场国家而言，印度将超越中国成为新兴市场国家的领跑者，预计印度2015—2016年的经济增长均维持在7.5%的水平。同为新兴市场国家的中国和南非也经历了明显的经济下滑，IMF维持对中国和南非的经济增速的预测不变，两国2015年的经济增速分别为6.8%和2%；并判断2016年中国经济增长将降至6.3%。相比之下，俄罗斯、巴西等新兴市场国家的经济增速则出现明显负增长，其中，IMF判断俄罗斯2015年经济下滑3.4%，巴西经济下滑1.5%，且两国2016年的经济增长不容乐观（见表1）。

表1　　　　　　　　全球经济增速

单位：%

年份 国家（地区）	2013	2014	2015	2016
全球	3.3	3.4	3.3（-0.2）	3.8（0）
发达国家	1.4	1.8	2.1（-0.3）	2.4（0）
美国	2.2	2.4	2.5（-0.6）	3（-0.1）
欧元区	-0.4	0.8	1.5（0）	1.7（0.1）
日本	1.6	0.1	0.8（-0.2）	1.2（0）
英国	1.7	2.9	2.4（-0.3）	2.2（-0.1）
新兴市场国家	5.0	4.6	4.2（-0.1）	4.7（0）
中国	7.7	7.4	6.8（0）	6.3（0）
印度	6.9	7.3	7.5（0）	7.5（0）
俄罗斯	1.3	0.6	-3.4（0.4）	0.2（1.3）
巴西	2.7	0.1	-1.5（-0.5）	0.7（-0.3）
南非	2.2	1.5	2.0（0）	2.1（0）

注：括号内表示对预测的修正。
资料来源：IMF《全球经济展望》（2015年7月）。

鉴于中国已成为全球第二大经济体，在全球经济进入深度调整阶段，中国经济增长对全球而言意义重大。图1显示，自2000年以来，中国对全球经济增长贡献率逐步攀升，至2014年，中国对全球经济增长贡献率已接近30%；而近三年，中美两国对全球经济增长的贡献率一直高于50%。

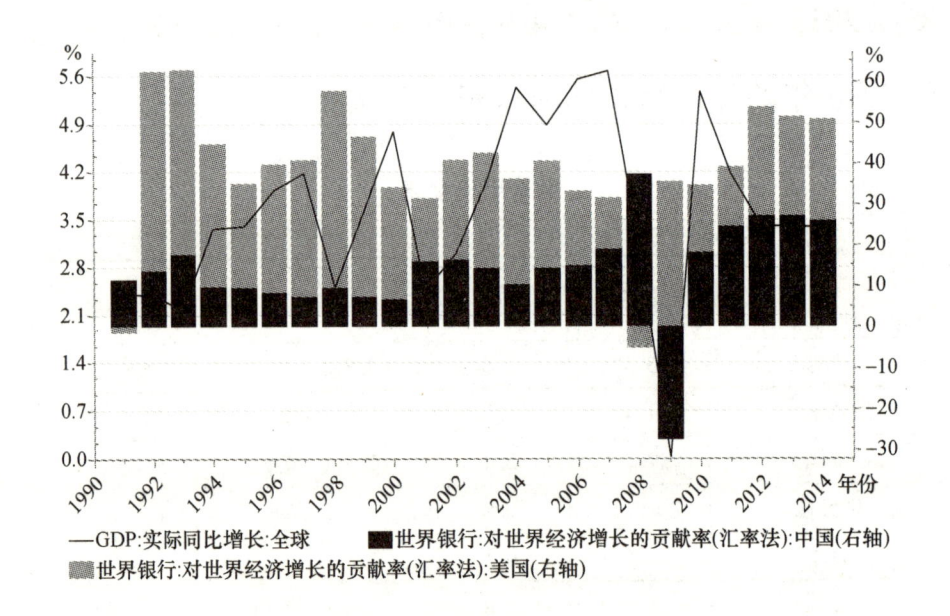

图1 全球经济增速及中美两国贡献

就美日欧三大经济体来看，美国经济2015年二季度GDP年化环比增长3.7%，不仅从一季度0.6%的低迷增速中大幅反弹，而且较初值环比2.3%的增速大幅上调。这显示在二季度里，美国经济活动持续扩张。具体而言，美国房地产市场恢复坚挺，就业市场稳步复苏局面不改，内需较为稳定，消费者对经济前景乐观。只是通货膨胀的迹象依然微弱，且受美元升值影响，出口不甚理想。预计美国三季度经济将继续保持在正常轨道中运行。

由于意大利与希腊增速加快，欧元区二季度增长速度快于预期。根据欧盟统计局公布的数据，欧元区二季度的国内生产总值（GDP）修正为较上一季度增长0.4%，较上年同期上涨1.5%，这分别高于0.3%和1.2%的初值。但在三季度初受希腊局势起伏不定的影响，经济增速显现小幅下滑迹象，制造业活跃程度略有下降，通缩风险下降但物价改善进程缓慢。欧洲央行坚定不移地实施资产购买计划将为实体经济保驾护航，在希腊局势稳定、油价持续低迷的背景下，欧元区在三季度有望继续增长。二季度日本经济继续保持温和复苏的态势，工业产出及订单显现温和增长迹象，就业市场稳步接近全面就业状态，但内需不够稳定，通胀水平不见起色。

二 全球通货紧缩压力持续

受全球范围内需求萎缩和大宗商品价格下滑的影响，

全球范围内通货紧缩压力明显。如图2所示,初级品价格指数领先CPI通胀率变化,而2010年以来全球范围内初级品价格指数呈持续下滑趋势,这给全球范围内带来了通缩压力,自2012年以来全球CPI增速持续降低,且未来仍将保持该趋势。

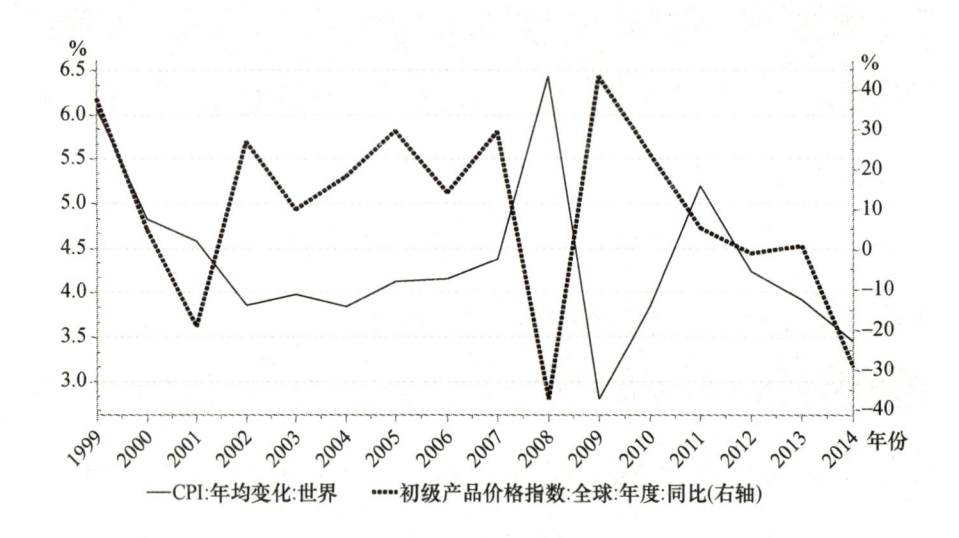

图2 全球通缩压力仍将持续

就发达经济体而言,受能源价格低迷影响,美国二季度整体通胀水平没有太大起色。数据显示,美国7月CPI同比上升0.2%,扣除能源和食品后的核心CPI同比上升1.8%,非常接近美联储2%的通胀目标。欧元区通胀迹象仍然微弱,但较一季度已经有明显改善。数据显示,欧元区8月CPI同比增长0.2%,核心CPI(剔除能源、食品)

同比上升1%，继续保持正值。对于日本而言，日本7月全国CPI同比增长0.2%，扣除食品和能源后的核心CPI同比增长0.6%。发达国家物价数据说明，其通缩风险进一步恶化的可能性减小，但改善进程十分缓慢。

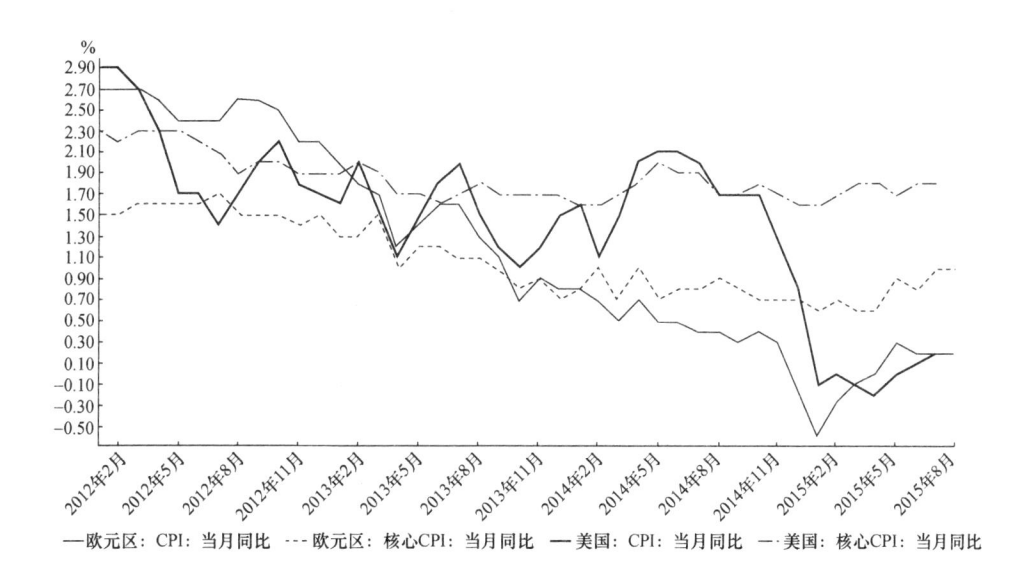

图3 美国和欧元区的CPI通货膨胀率

但从生产者价格指数来看，如图4所示，美国PPI已连续八个月负增长，7月同比下降2.5%，与6月降幅持平。对欧元区而言，7月PPI同比仍下降2.1%；同样地，在生产者价格指数方面，日本8月PPI同比降幅扩大至3.57%，且已连续五个月跌入负值。考虑到新兴市场国家汇率下调和未来美联储加息带来的美元升值可能，未来全球范围内 PPI 仍将持续下滑，这最终将给 CPI 带来较大通缩压力。

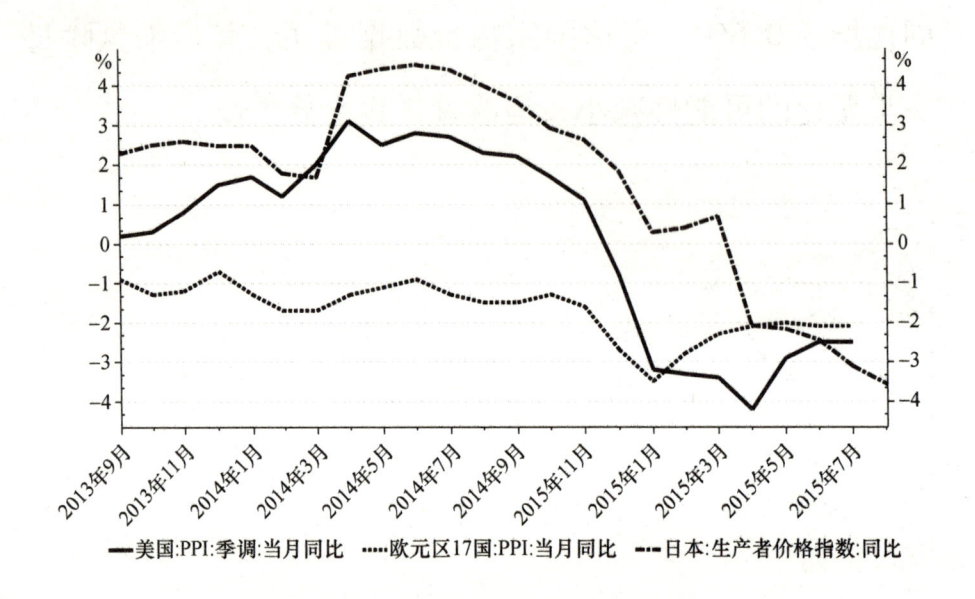

图4　发达经济体的 PPI 通货膨胀率

三　全球货币政策分化明显

随着美国经济反弹的趋势愈加明显，市场对美联储今年加息的预期愈加强烈，这从美元指数在6月中旬至7月中旬连续上涨中得到体现。但美联储在首次加息的时间上，一直较为谨慎。在6月议息会议纪要中，绝大多数委员都希望在加息前获得更多信息，认为应对未来前景保持谨慎，包括希腊局势、中国经济、美国消费者支出。在7

月的议息会议上,美联储维持0—0.25%基准利率不变,并称准备在经济状况进一步改善时采取加息行动。尽管7月的决议声明与6月相比,对经济评估略有改善,但言辞谨慎,对低通胀及较低的薪资增速表示担忧,美联储在加息上有诸多顾虑。

就三季度的经济数据来看,美国8月失业率为5.1%,已经恢复至金融危机之前的水平;通胀率虽低位运行,但核心通胀率已升至1.8%,接近2%的目标水平。另外,年初以来美元指数持续上升,美国企业出口受到美元汇率升高的负面影响,且8月人民币汇率贬值对美国出口和物价水平均构成负面冲击,预计四季度物价水平仍有通缩压力。虽然美联储在9月已推迟加息,今年12月首次加息的概率仍然最高。

欧元区通胀已在年初触底,在未来数月保持低位,并有望在年底回升,欧洲央行将坚定执行资产购买计划,并将坚定执行QE直至2016年9月底。可以看出,正是经济日益好转的事实,坚定了欧洲央行执行QE的决心。

自去年10月底宣布加大购债规模后,至今日本央行没有新动作。日本央行7月议息会议维持了宽松刺激规模不变,并决定继续以每年80万亿日元的速度扩大基础货币。日本央行表示，宽松货币政策正产生预期效果，国内经济继续温和复苏，维持评估不变，出口和产值上升，但存在一些波动。同时，日本央行将2015财年GDP预期从4月的2.0%下调至1.7%，并下调了该国2015—2017财年核心CPI预期。从声明看，日本央行对目前的宽松程度有一定不自信，如果通胀水平仍没有起色，可能进一步实施宽松政策。

四　全球金融市场震荡加剧

外汇市场上，年初以来美元指数呈持续上升趋势，支撑美元上涨的是美国经济的持续复苏和美联储加息预期升温，同时也存在新兴市场国家经济增长乏力和汇率贬值因素（见图5）。2015年8月以来，主要国家货币对美元更是呈现普遍的贬值态势。以欧元为例，欧元对美元的贬值主要源于希腊债务问题，危机在7月初步解决，希腊方面做出巨大让步，但欧元并没有出现明显反弹，反而对美元汇率出现下跌。究其原因在于投资者对于希腊风险已经建立好金融防火墙，当谈判出现进展的时候，市场理解为"利好增多"而非"利空下降"，造成的结果是当希腊危机

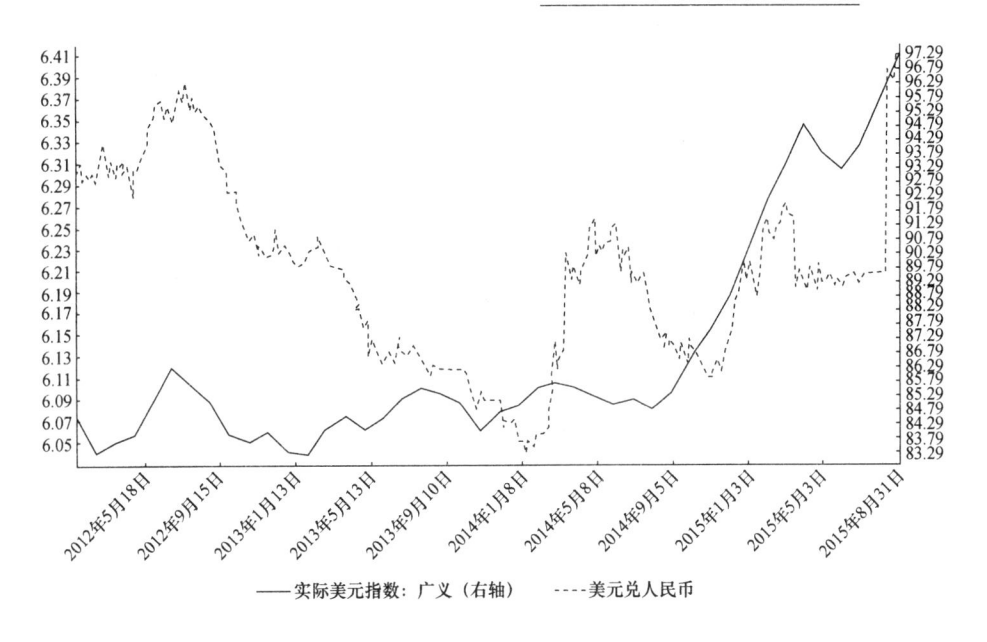

图 5　美元指数与人民币汇率

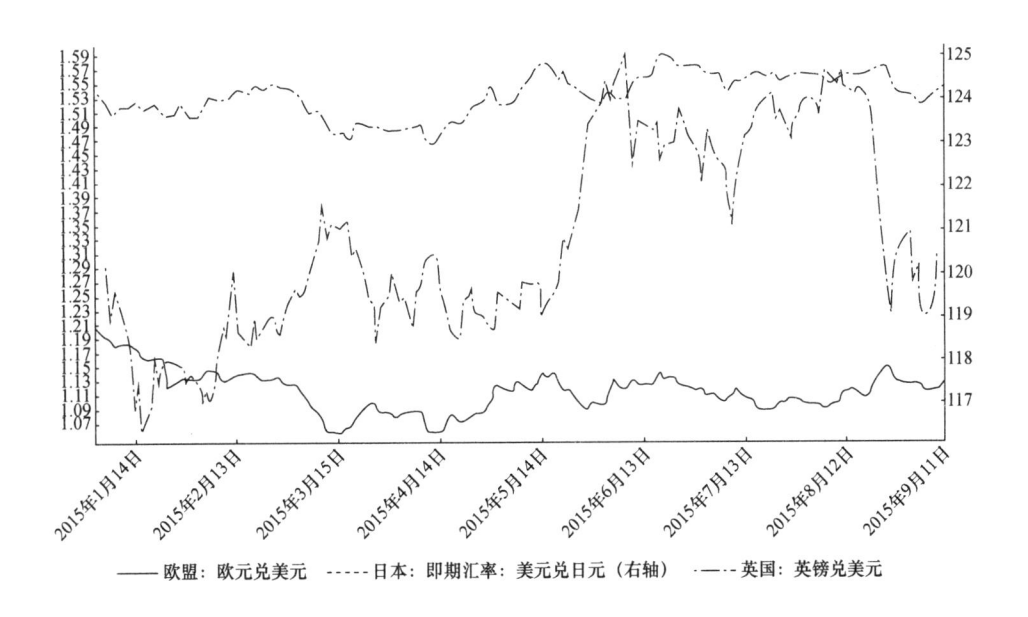

图 6　其他主要货币汇率

彻底落定之后，欧元反而大幅下跌。欧元在 7 月 13 日协议达成之后出现最低点。

受美元走强的影响，年初以来国际大宗商品价格呈持续下跌，下半年下跌趋势更加明显（见图 7）。除美元升值因素，新兴市场国家经济增速下滑导致对全球商品需求的下降也是国际大宗商品价格下跌的主要原因。此外，美国能源库存较高以及伊朗核协议达成也都对近期国际原油价格形成打压，因此导致能源价格整体呈现出相当压力，长期以来的跌势再度加速。

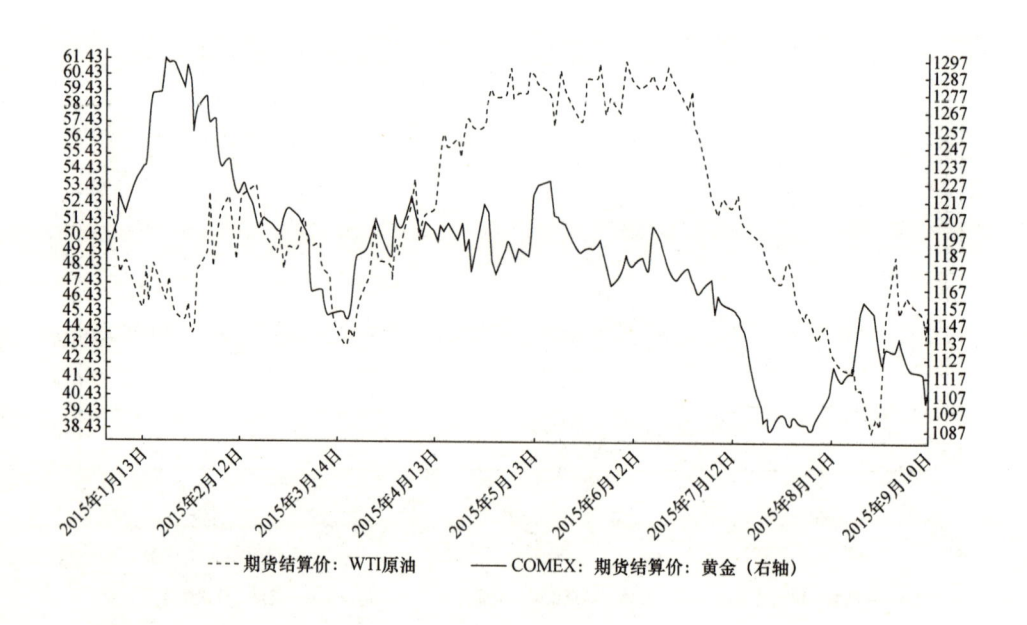

图 7　国际大宗商品（黄金与原油）价格

受新兴市场经济体经济增长的影响，国际投资者对全球经济尤其是新兴市场经济体需求萎缩的担忧加剧了国际资本市场的波动性，新兴市场 ETF 和 VIX 波动率指数创两年来新高（见图 8），7 月以来国际资本市场呈现普遍的下跌趋势（见图 9）。预计未来，随着新兴市场国家经济的深度调整，资本外流将加剧新兴市场国家的市场波动性，同时未来美联储加息也将对发达国家资本市场形成负面冲击。

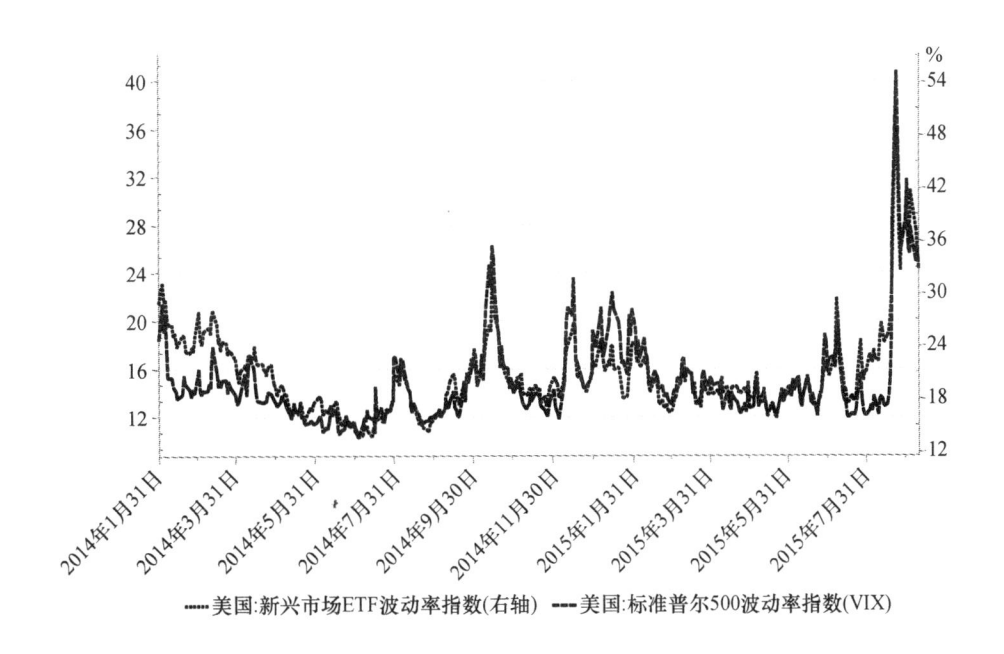

图 8 新兴市场 ETF 与 VIX 波动率

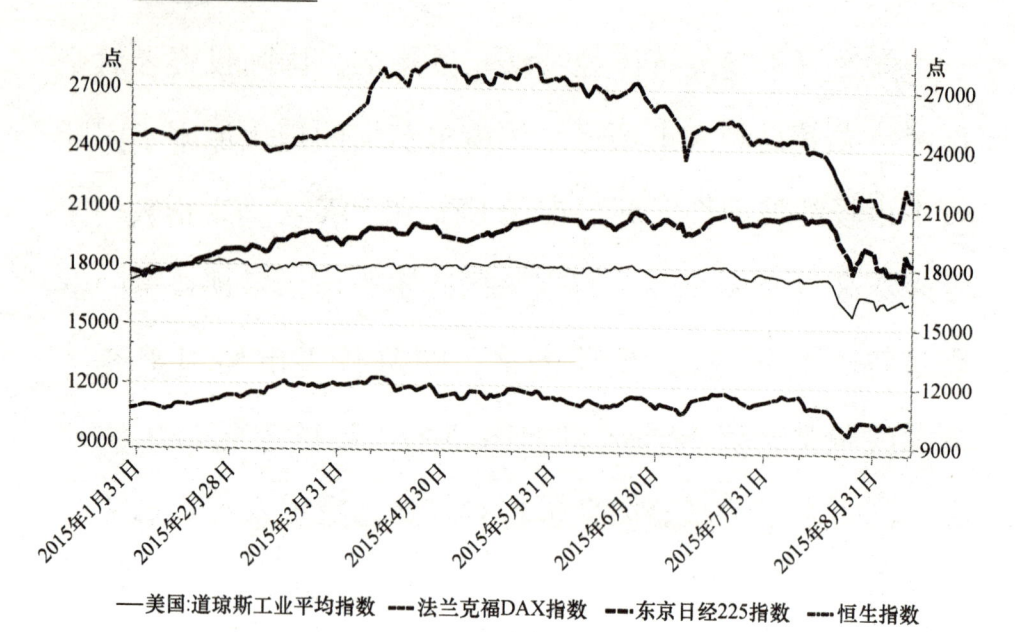

——美国:道琼斯工业平均指数 ——法兰克福DAX指数 ——东京日经225指数 ——恒生指数

图9　全球主要股指走势

第二部分　中国宏观经济形势分析和预测

三季度中国经济主要指标未见明显好转，国际金融市场风险上升，四季度仍有下行风险，假设不出现系统性风险，预计四季度经济增长6.9%左右，消费物价指数上涨1.5%左右，全年预期增长7%左右。四季度国内和国际经济形势更加严峻，国内经济有从"主动调整"转变为"惯性下滑"的风险，经济政策需要更加突出防御性策略，牢牢守住不发生系统性风险的底线。应进一步实施积极有效的财政政策和稳健灵活的货币政策，继续深化经济体制改革，创新宏观调控方式方法，加大力度扩大国内需求，特别是促进投资稳定增长，使经济运行保持在合理区间。

一 三季度经济增长略降，结构性通货紧缩严重

2015年上半年GDP增长7.0%，三季度很可能突破7%。经济增长下滑的同时，物价出现分化走势，CPI与PPI涨幅之间的差距拉大，CPI略有回升，预计上涨1.8%，PPI下跌至5.8%左右。

（一）总需求下降，工业和服务业增长减速

1. 年内消费需求平稳，但有下降压力

2015年7月和8月社会消费品零售总额名义值分别增长10.5%和10.8%，扣除价格因素实际增长10.4%。从实际增幅看，比去年同期略低0.1个和0.2个百分点，表明消费需求基本平稳。但与去年相比，消费需求仍显示了下降压力。今年1—8月社会消费品零售总额同比增长10.5%，比去年同期下降1.6%。上半年经济下滑压力加大，人们对未来收入预期下降，会抑制未来消费增长（见图10）。

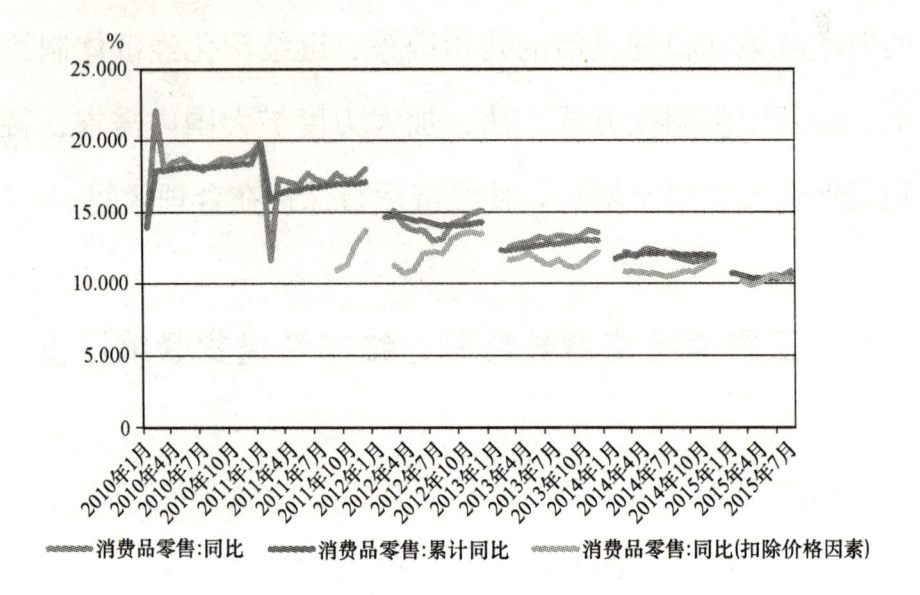

图 10 社会消费品零售总额同比变化趋势

资料来源：国家统计局，CEIC，下同。

2015年1—8月，全国网上零售额同比增长36.5%。其中，实物商品网上零售额增长35.6%，占社会消费品零售总额的比重为9.8%；非实物商品网上零售额增长41.1%。在实物商品网上零售额中，吃、穿和用类商品分别增长41.3%、27.3%和38.8%。网上零售额的大幅增长表明消费者购买消费品的模式有重大变化，但对于总体消费额增长并没有显著影响。

2. 投资增速下降

2010年以来，中国投资增速持续下移（见图11）。一是全国固定资产投资增速继续回落。今年1—8月，全国固定资产投资同比增长10.9%，比去年同期低5.6个百分点。分产业看，第一产业、第二产业和第三产业固定资产投资分别增长28.5%、8.5%和11.9%。因第一产业占比低，其高增速不能弥补第二产业、第三产业投资增速的下滑。

二是民间固定资产投资增速持续回落。受国际经济总体走弱、国内经济增速下移、产能过剩矛盾依然突出、工业品出厂价格持续下降、工业企业利润下降等大环境影响，我国民间固定资产投资增速也持续降低。1—8月，民间固定资产投资增速累计同比增长11.0%，比去年同期下降8个百分点。

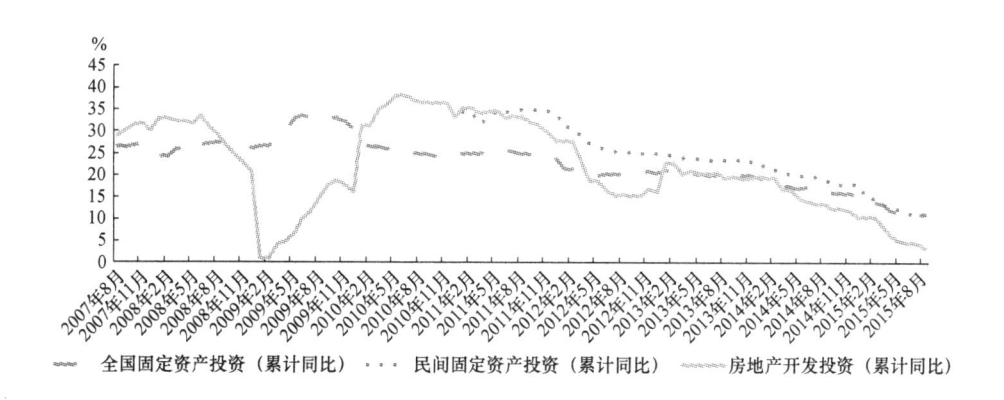

图11 固定资产投资

三是房地产开发投资增速大幅下降。另外，受商品房去库存压力较大、土地市场低迷等因素的影响，房地产开发企业投资意愿不足，房地产开发投资增速持续回落。1—8月，房地产开发投资和住宅投资累计同比分别增长3.5%和2.3%，比去年同期分别降低9.7个和10.1个百分点。

3. 进出口疲弱，贸易顺差上升

进口下降幅度高于出口。1—8月累计，出口下降1.4%，增速较去年同期下降5.2个百分点；进口下降14.5%，增速较去年同期下降15个百分点。出口增速高于预期，而进口大幅萎缩，推动贸易顺差大幅上升，1—8月累计贸易顺差3654亿美元，比去年同期增加1640.3亿美元。

名义进出口下降，贸易顺差扩大，主要原因是：（1）我国工业增速下滑导致对大宗商品需求锐减，钢材、成品油累计同比增速负增长；但出口货物数量仍保持正增长。2015年1—8月，我国进口货物运输量累计同比下降1.8%；出口货物运输量累计同比增长11%（见图12）。（2）我国贸易条件改善。2014年8月以来，我国进口价格大幅下降，进口价格下跌幅度远大于出口价格下跌幅度。今年8月，进口价格跌幅比出口价格跌幅高11.5个百分点（见图13）。

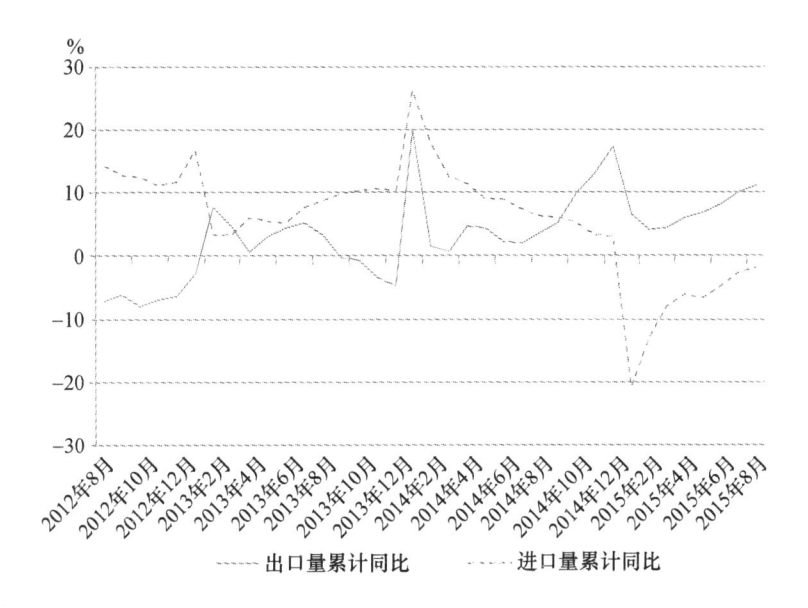

图 12　中国出口和进口货物运输重量累计同比

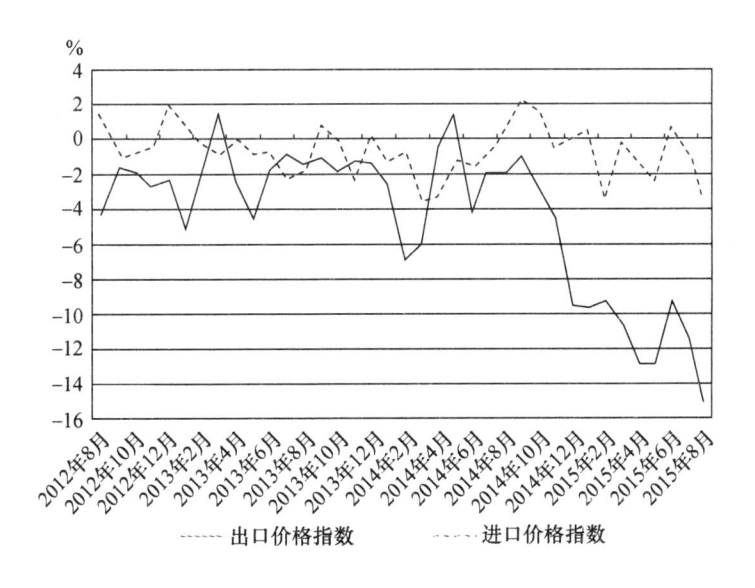

图 13　中国出口和进口价格指数变化

出口货物运输量增长和贸易条件改善说明中国仍然保持出口优势。从2001年加入WTO至2014年，中国出口额增长6.2倍，占全球出口总额的比重由5%扩大至12.4%。8月中旬以来，汇率形成机制更加市场化，人民币轻微贬值，因加工贸易的增加值在出口商品价值中的比例很低，人民币轻微贬值对出口影响不大。

4. 工业和服务业增长下滑趋势明显

三季度，因制造业产能过剩、传统产业淘汰力度加大、汽车通信等主导行业减速、投资需求不旺等因素导致工业生产继续保持较低增速。7月和8月，规模以上工业增加值环比增长0.33%和0.53%，增幅低于二季度；同比增长分别为6.0%和6.1%，比去年同期下降3.0个和0.8个百分点；1—8月工业增加值累计同比增长6.3%，比去年同期下降2.2%。

8月制造业和服务业中的PMI下行，其中制造业PMI降至49.7，再次跌破50，低于今年1月和2月的低点；服务业PMI也降至53.4，因此8月服务业没有太多惊喜（见图14）。

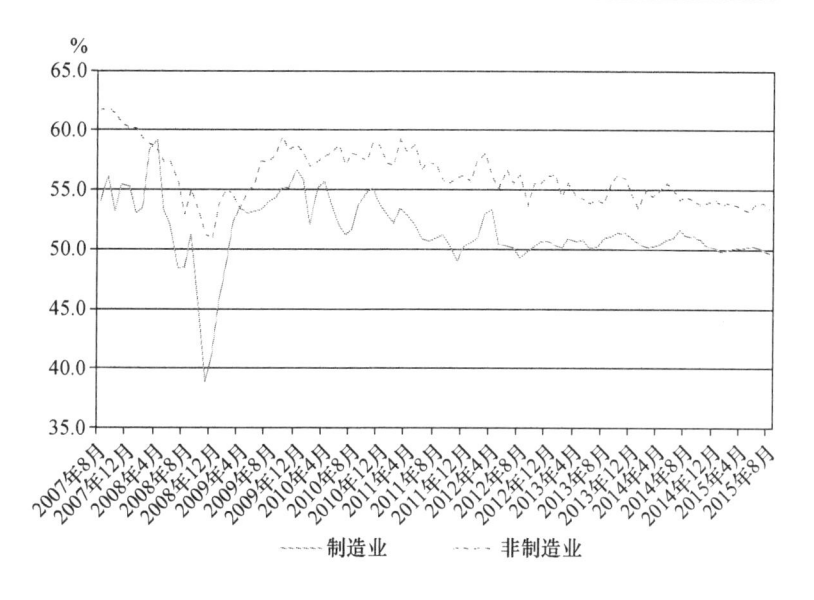

图 14 制造业和非制造业的 PMI

重工业回落幅度较大，无论是上游发电量，还是中游钢铁、水泥和有色金属，同比增速都明显回落；下游汽车产量同比降幅有所收窄，但是日均产量仍在下滑。整体工业增速下行态势不变。另外，8 月 PPI 环比和同比降幅增速扩大，PPI 的加速下滑抑制企业补库存过程，其对工业生产造成的负面影响将继续显现。从现有的微观按周数据监测看，动力煤价格下降、钢产量下降等都表明工业仍处于下行通道。7 月工业企业利润和应交增值税累计同比分别下降 1% 和 2.6%，工业企业整体效益下滑（见图 15）。

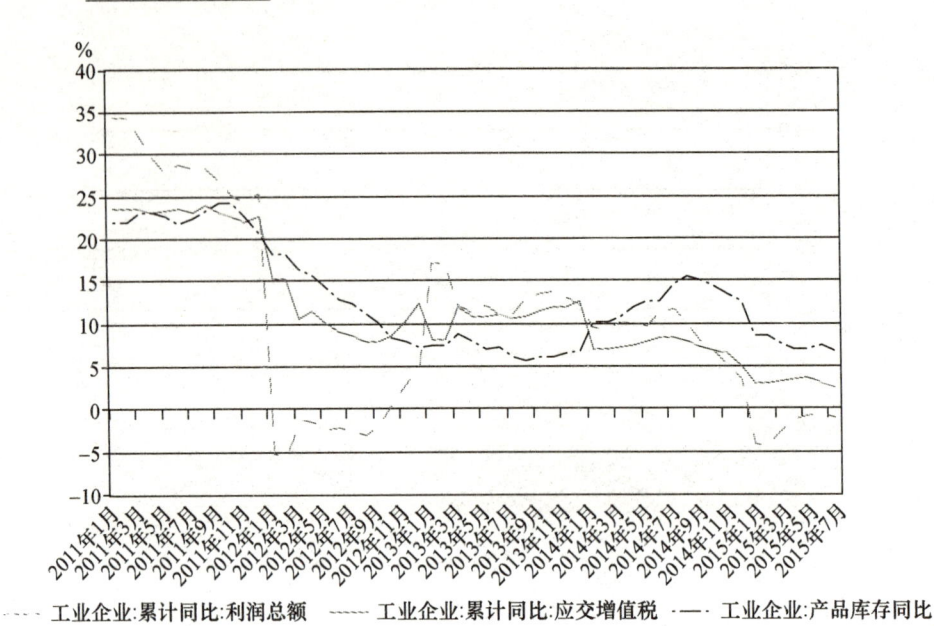

····· 工业企业:累计同比:利润总额　――― 工业企业:累计同比:应交增值税　―·― 工业企业:产品库存同比

图 15　工业企业财务指标

（二）结构性通货紧缩严重

1. 消费物价（CPI）和生产价格指数（PPI）同比指标之间的差距拉大

8 月 CPI 同比上涨 2.0%，PPI 同比下降 5.9%（见图 16）。(1) CPI 上涨的主要来源是食品、烟酒和服务等项目的价格上涨，8 月，食品价格同比上涨 3.7%，涨幅比上月扩大 1.0 个百分点，其中猪肉、鲜菜价格同比分别上涨 19.6% 和 15.9%，合计影响 CPI 上涨 1.05 个百分点。非食品价格同比上涨 1.1%，涨幅与上月相同，但家庭服务、

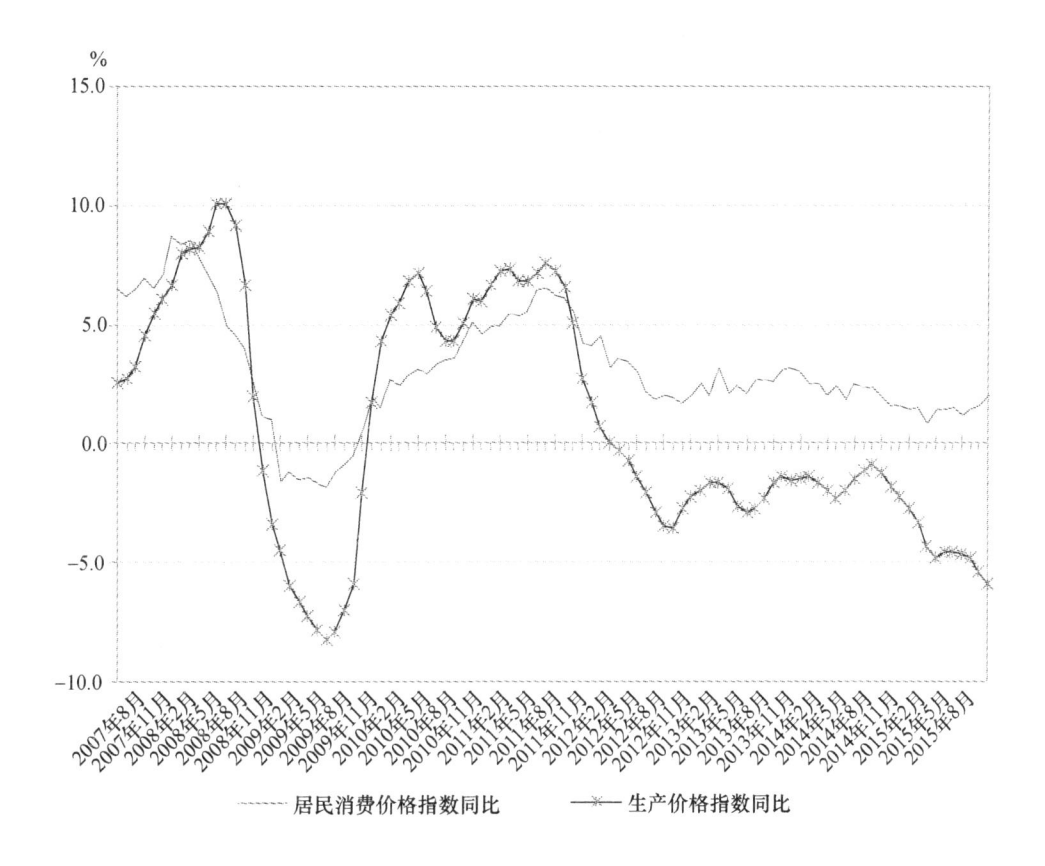

图 16　居民消费价格指数和生产价格指数同比

烟草、学前教育、公共汽车票和理发等价格涨幅仍然较高，涨幅分别为 7.4%、6.8%、5.6%、5.3% 和 5.2%。如果排除这些项目，非食品消费价格同比仅上涨 1.1%，工业品价格指数仅上涨 0.2%，交通和通信价格下跌 2.1%（见图 17）。（2）8 月，工业生产者出厂价格同比下降 5.9%，降幅比上月扩大 0.5 个百分点。分行业看，石油和天然气开采、石油加工、黑色金属冶炼和压延加工、煤炭开采和洗选出厂价格同比分别下降37.9%、24.3%、18.8%和15.6%，合计影响本月工业生产者出厂价格总水平同比下降约3.4个百分点，占总降幅的58%左右。

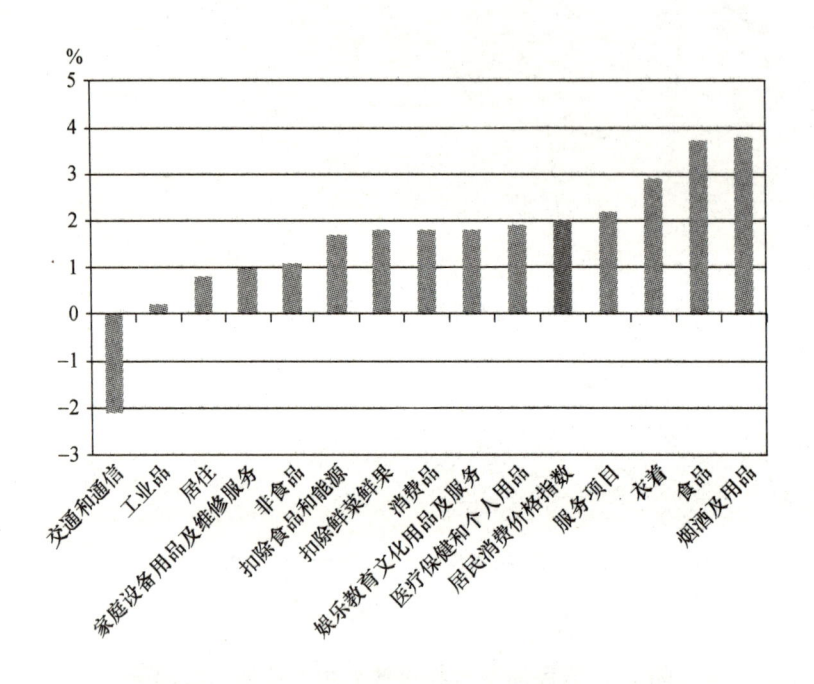

图17　8月消费价格指数分类项目价格同比涨幅排序

2. 国际初级大宗商品价格仍在低位

受全球经济复苏缓慢、原油供给增加、美元升值、国际金融市场震荡等因素影响，自今年6月下旬以来，能源、食用品、金属等初级原材料价格再次下跌（见图18），7—8月仍保持低位。8月三大类初级原材料价格比7月分别下跌18%、3%和3.3%。

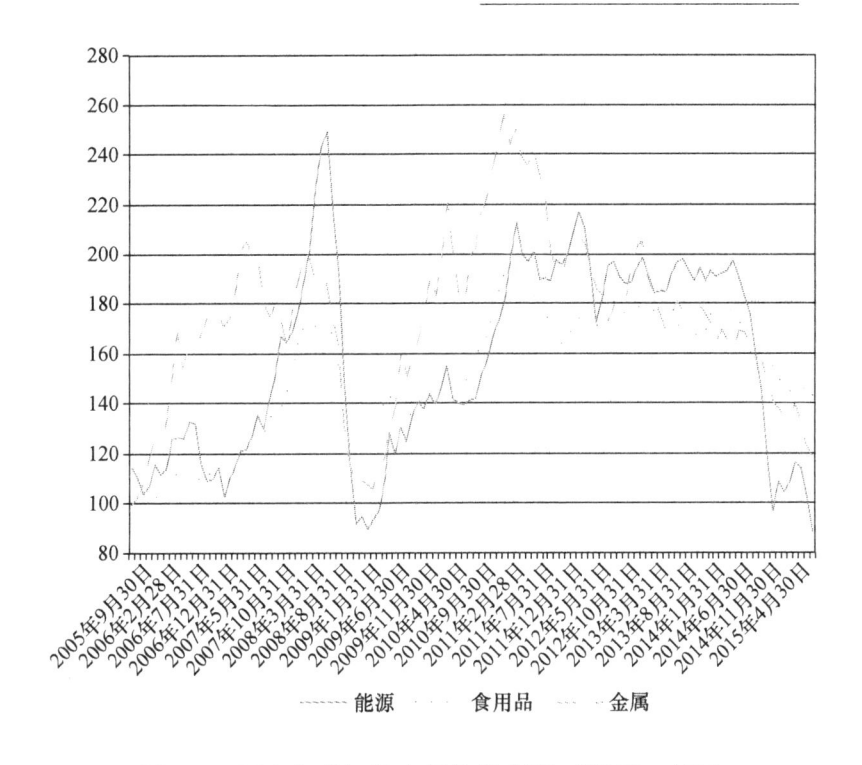

图 18　IMF 全球初级产品价格指数（2005 = 100）

3. 结构性通货紧缩风险依然存在

通常用消费物价指数或 GDP 缩减指数长期连续负增长来定义通货紧缩。截至 2015 年 8 月，生产者价格指数（PPI）已经连续 42 个月负增长。虽然以 CPI 指标来衡量，暂时还不能判定中国已经陷入全面通货紧缩状态，但是因中国消费占 GDP 比重远低于发达国家，投资占比较高，2013 年中国投资占比为 47.8%，生产部门在国民经济中占比远高于发达国家，PPI 连续 3 年多负增长，对此应引起高度重视。生产部门长期紧缩，企业盈利能力下降，未来其资产负债表可能受损,通过"金融加速器"机制引发债务紧缩;另外,受国际大宗商品价格下跌影响,进口价格指数下跌,通过购进原材料价格指数传递至 PPI,生产部门的物价负增长仍将继续一段时间,并有可能传递至消费物价,导致消费领域通货紧缩的风险上升。

二 当前面临的主要问题

(一)固定资产投资乏力

投资大幅下降是经济增速减缓的主要原因。8月以后,部分与投资相关的先行指标并未好转,未来投资增长仍不乐观。(1)虽然新开工项目数量增加,但新开工项目计划投资额同比大幅下降,8月同比(季节调整)涨幅为2.7%,比去年同期下降11.9%(见图19)。(2)社会融资总量新增累计同比下降。8月货币供应(M2)和贷款余额同比分别升至13.3%和15.7%,但社会融资总量新增累计同比下降9.9%,其中人民币贷款、外币贷款、委托贷款、信托贷款、银行承兑汇票、企业债券净融资、非金融企业股票融资各项目的新增累计同比分别为16.5%、

-107.4%、-52.9%、-81.6%、-276.3%、-9.5%和107.9%（见图20）。(3) 虽然房地产销售面积和房地产价格有所回暖，但房地产投资增速继续保持低位。8月房地产开发投资来源累计同比增加0.9%，其中，国内贷款、利用外资、外商直接投资、自筹资金等都有不同程度的负增长，定金及预收款和个人按揭贷款分别增长4.6%和16.3%（见图21）。(4) 后续基建投资继续保持20%以上增速的可持续性存疑。基建投资周期长，回报率不高，现金流并不充沛，这些特点决定了基建投资长期维持20%以上的增速不可持续。基建投资累计增速已从今年3月的高点23.1%下降至8月的18.4%。

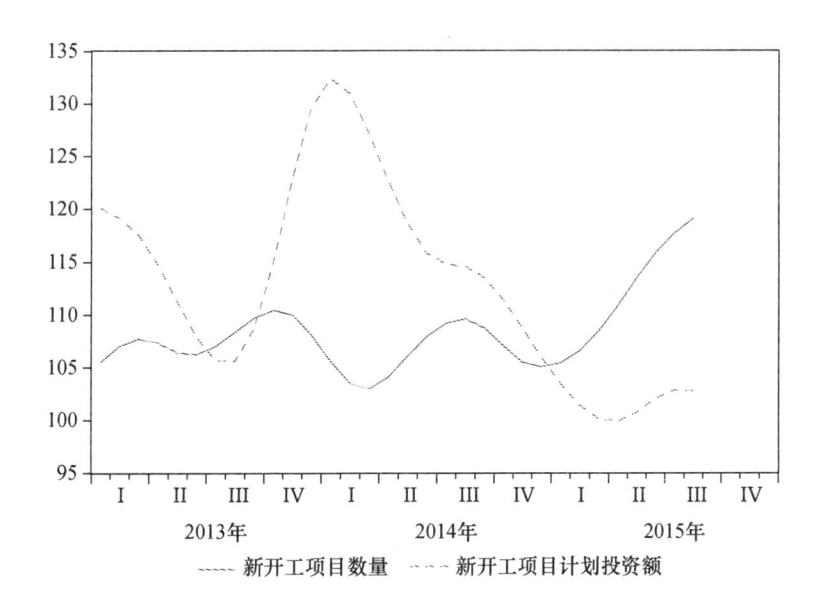

图19 新开工项目数量和新开工项目计划投资额同比（季节调整）

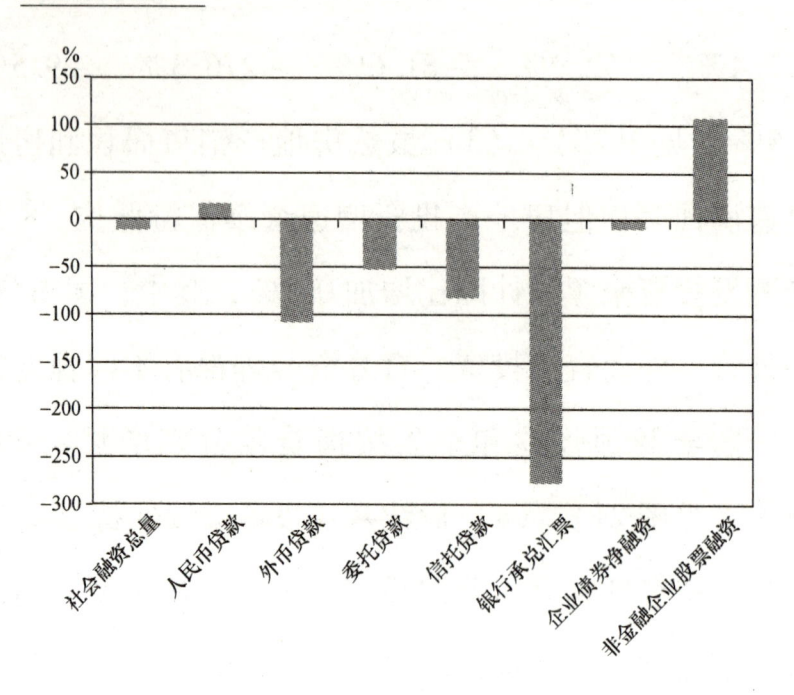

图20 社会融资总量新增累计同比

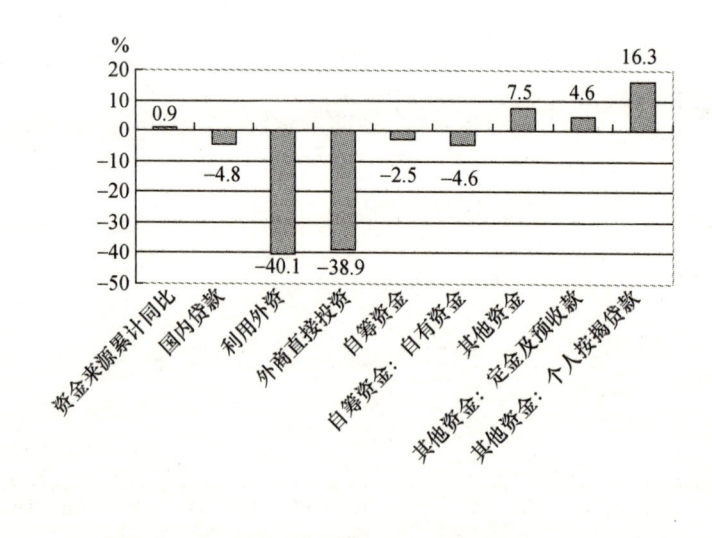

图21 房地产开发投资资金来源累计同比

（二）国际金融市场剧烈震荡的风险不可低估

2015年8月股市、原油价格经过意外暴跌之后，美联储在9月推迟加息，也考虑到了国际金融市场震荡的潜在风险。美元加息推迟之后，发达国家股市再次下挫，反映了国际金融危机之后长期量化宽松政策造成的股市高处不胜寒。从经济基本面看，国际金融市场震荡在短期内不会结束，而且发达国家与新兴市场国家的金融市场震荡有可能再次发作，拖累世界经济复苏。在金融震荡之后，各经济体可能采取延长宽松政策，短期内国际经济面临多重政策不确定性：一是美联储推迟首次加息时间；二是欧洲和日本延长量化宽松政策；三是中国加大稳增长政策力度；四是其他新兴市场国家采取救市政策。新兴经济体结构调整难以推进，反而由于救市而使经济结构更加扭曲，救市带来了产能过剩、债务高企，新兴市场国家面临股市下跌、资本流出、外汇储备下降、货币贬值的冲击；受金融震荡冲击，全球性总需求增长缓慢，经济脆弱性加大。发达国家受沉重债务困扰，经济复苏缓慢，股票市场在前期宽松政策刺激下产生的虚假繁荣也难以继续维持，虽然资本流入的有利因素和美联储货币政策的独立性有利于减弱国际金融震荡对美国的冲击，但经济全球化的发展已经使发达国家与新兴市场国家高度融合，新兴市场国家的金融震荡仍然会传染至发达国家，使其股市出现震荡。美国与欧洲及日本的经济周期错配，决定了美元与欧元及日元之间仍会持续波动。

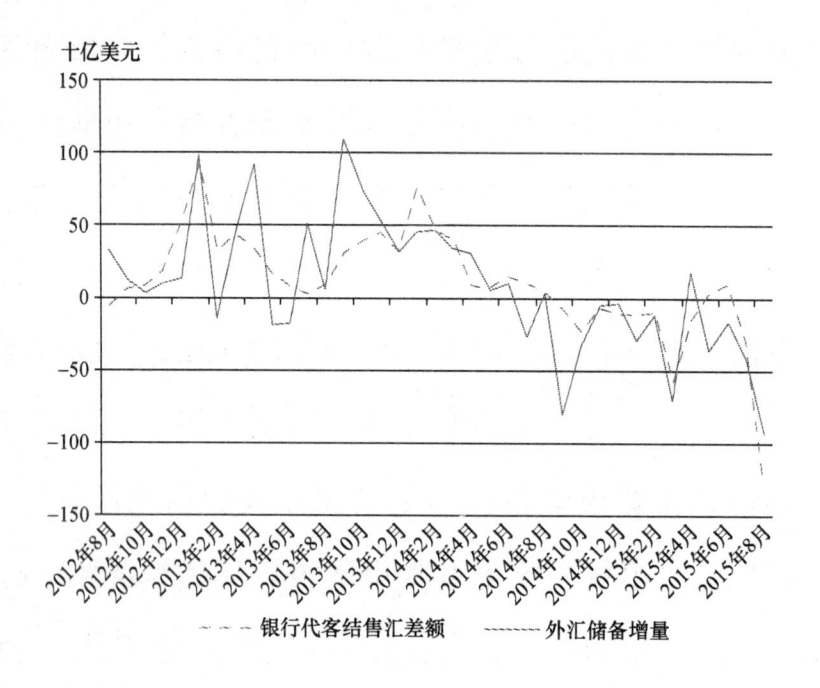

图22 银行代客结售汇差额与外汇储备增量

2014年7—12月，中国外汇储备下降1502亿美元。2014年中国对外直接投资1231.2亿美元，首次超过外商直接投资（实际使用规模）35.8亿美元，这一数字表明中国主动对外直接投资（走出去）的资金并非资本外流的主要原因。2015年1—8月累计，外汇储备增量和银行代客结售汇差额分别下降2856亿美元和2381亿美元,外汇储备增量的变化趋势与银行代客结售汇差额高度一致(见图22)。资本流出可能引发国内资产市场重估,导致股票市场下跌。

从8月18日至26日,短短的一周交易时间里,上证指数暴跌1000多点。目前市场上的避险情绪是多种因素的反映,国内原因包括:前期市场投机过度、去杠杆化、挤泡沫引发市场踩踏、未来注册制改革、新三板推出等措施增加股票供给等;外部原因包括:担忧美联储加息、全球经济增长放缓、资本外流和人民币贬值预期引发市场抛售等。

股市下跌加大经济下行压力。股票市场调整对经济增长的影响包括直接和间接冲击。直接冲击主要是股票交易额萎缩,带动金融业增加值增速回落。间接冲击包括:一是通过财富效应,影响居民消费相关产业和房地产业需求,进而影响其增加值增速;二是股票融资能力下降,非金融企业利用股票市场融资金额减少,降低相关行业增加值。上半年股票市场大涨拉动GDP增长1.4个百分点。我们预计2015年下半年,股票市场调整可能拖累GDP增速下降0.68个百分点,其中直接效应拖累GDP增速0.33个百分点,股票财富效应间接拖累GDP增速0.23个百分点,股票融资能力下降间接拖累 GDP 增速 0.12 个百分点。

(三) 货币政策两难,外汇储备下降对基础货币产生紧缩作用

受"三元悖论"制约,资本项目自由流动、浮动汇率和保持货币政策独立性三个目标中只能同时满足两个。人民币国际化要求资本账户完全开放,资本自由流动。目前内需乏力、通缩压力加剧、出口负增长等不利因素使得央行有必要进一步降息降准、人民币贬值,实施更加宽松的货币政策,这可能促使资本外流并给人民币带来更大的贬值压力。人民币贬值可能引发国内资产抛售、周边国家竞争性贬值和国际金融市场震荡。但是如果保持汇率高估,央行必须通过外汇市场干预应付资本流出,卖出外汇,国际储备下降,导致国内流动性被动收紧,这又需要货币政策进行冲销操作才能抵消外汇占款下降的紧缩效果。人民银行通过非常规货币政策工具,如中期借贷便利(MSL)、抵押补充贷款(PSL)和短期流动性调节工具(SLO)等投放流动性。但这些举措都未能完全抵消外汇储备下降对基础货币的紧缩作用。央行资产负债表数据显示,2015 年 8 月外汇占款为 26 万元人民币,比 2014 年 12 月减少

3.6%，同期基础货币减少3.5%。央行降低存款准备金比率扩大货币乘数，有助于提高货币供应增速，7月和8月M2增速超过13%。

（四）经济增长下行压力加大

短期指标示弱。我们构造的6月和7月实体经济活动指数已经低于2008年金融危机时期的最低水平。新公布的PMI指数显示短期内生产和出口将减缓。8月中国制造业PMI降至49.2%，其中新订单指数为49.7%，比上月下降0.2个百分点，连续两个月位于临界点下方，表明制造业市场需求继续减弱。新出口订单指数降至47.7%，是2014年10月以来持续下降的新低点。非制造业商务活动指数为53.4%，比上月回落0.5个百分点，增速减缓。其中新订单指数为49.6%，比上月下降0.5个百分点，降至临界点以下；新出口订单指数略升0.4个百分点至46.6%，但仍处于临界点以下。

（五）经济增速放缓，四季度仍需加大财政支出力度以完成预算目标

2015年经济增速下移，财政收入增速下降，积极财政政策发挥效力，支出增速一直高于收入增速（见图23）。1—8月累计，全国一般公共预算收入103521亿元，全国政府性基金预算收入23399亿元，两者合计126920亿元；全国一般公共预算支出102864亿元，全国政府性基金预算支出22243亿元，两者合计125107亿元；收入大于支出1813亿元。一般公共预算与政府性基金预算合并，支出增速高于收入增速10个百分点，收支差额比去年同期降低86%。

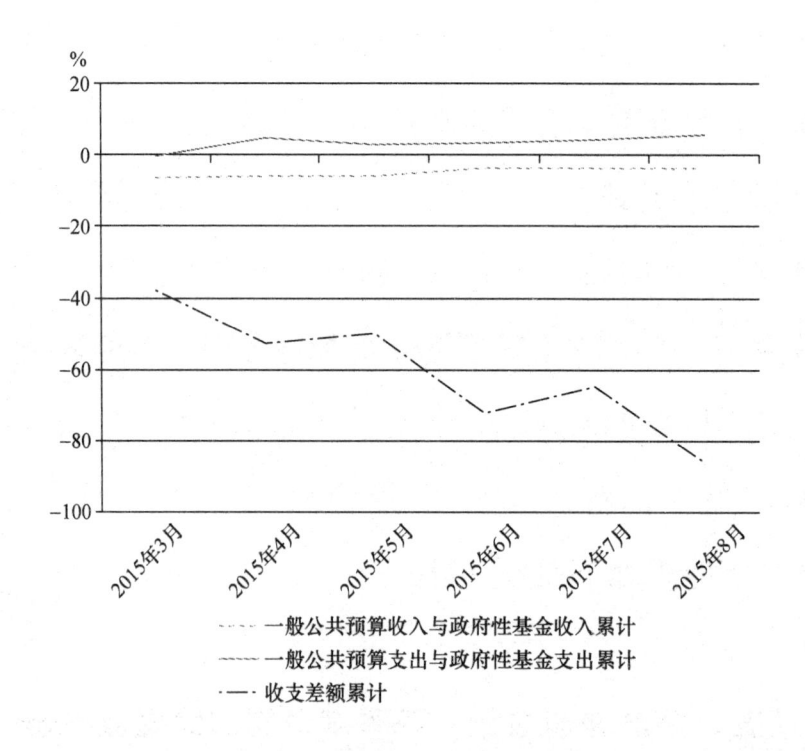

图23　一般公共预算与政府性基金预算合并的累计收支同比增速

2015年全国一般公共预算收入和支出目标分别为

154300亿元和171500亿元。1—8月累计，全国一般公共预算收入103521亿元，比上年同期增长7.4%，全国一般公共预算支出102864亿元，比上年同期增长14.8%，分别完成预算目标的67%和60%。今年要完成收支目标，从9月至12月平均收支需要达到12695亿元和17159亿元。过去8个月收支平均值为12940亿元和12858亿元，四季度仍需要加大财政支出力度。

我国财政支出存在冲时点特征，一般在6月和12月财政支出大增（见图24）。今后仍需要加强相关制度改革，努力实现平滑财政支出。

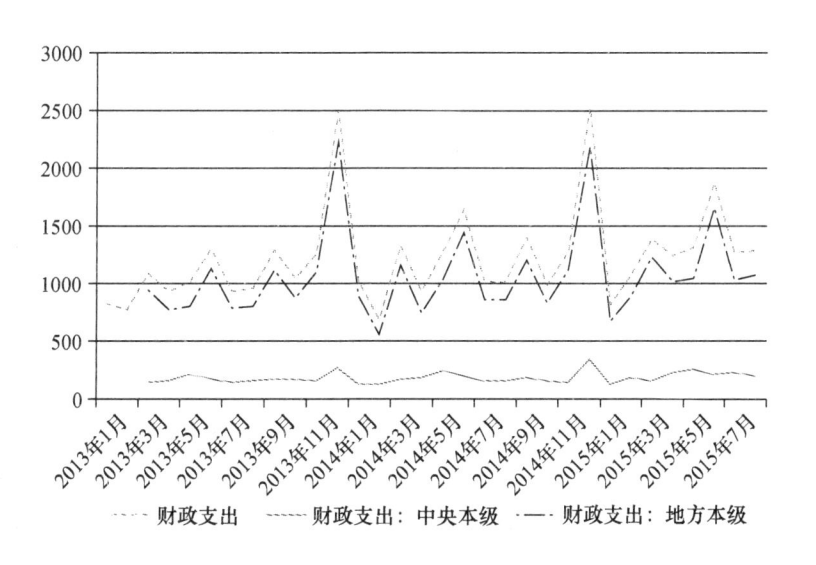

图24 财政收支冲时点状况

三　2015年第四季度经济形势预测

综合前述分析，近两个月工业生产小幅回落，消费增长基本平稳，投资增速持续下行，出口优势继续保持。2015年四季度宏观经济走势仍受去产能、去泡沫和清理债务等因素影响，企业库存可能见底回升，但资金供需萎缩制约投资回升，经济增长仍有下行压力；物价方面须防止去产能力度过大导致PPI负增长传导至消费物价负增长形成通缩；房地产销售出现回暖迹象，但能否带动房地产投资回升仍有疑问；国际金融市场震荡的外部冲击对国内经济和金融稳定产生极大挑战，货币政策操作难度加大，四季度财政支出仍需加大力度。我们假设2015年四季度国际金融市场的震荡不至于产生系统性风险，基准预测基于以下基准假设：

1. 外生变量

（1）美元波动。从2015年3月初开始，美元见顶回落，波动加剧。主要原因是美国经济增长放缓以及强势美元有损美国出口和通胀前景，因美国经济复苏走在发达国家前列，美元汇率波动与美国经济与欧洲、日本和其他地区经济复苏的相对速度密切相关,我们假设美元指数在90—100之间波动。

(2) 美国加息。未来美联储的加息周期可能慢于历史上任何一次加息周期。假设2015年四季度美联储首次加息0.25%。

(3) 油价维持相对低位。原油价格在三季度已从低点回落至46美元左右,我们假设四季度纽约原油价格维持在45美元/桶左右。

(4) 根据美联储公布的美联储理事会成员和联邦储备银行行长9月的预测报告,假设2015年美国经济增长2.1%,根据IMF7月《世界经济展望》预测值,假设欧元区和日本经济分别增长1.5%和0.8%。

2. 政策变量

(1) 降低准备金。四季度根据经济增长和物价变化情况、金融市场条件和国际经济环境,仍有可能继续降准。假设四季度降准一次。

(2) 四季度人民币兑美元保持在6.4元/美元左右。

(3) 年初预算的财政赤字扩大至1.12万亿元,假设年初预算的财政赤字能按计划执行。

3. 主要预测结果

在上述基准假设下,结合模型计算,我们预测经济运行结果参见表2。

表2　2015年第四季度及全年中国主要宏观经济指标预测

主要经济指标	2015年上半年	2015年第三季度预测值	2015年第四季度预测值	2015年全年预测值
1. 生产者出厂价格(PPI)上涨率(同比,%)	-4.6	-5.8	-5.3	-5.1
2. 居民消费价格(CPI)上涨率(同比,%)	1.3	1.9	1.8	1.6
3. GDP实际增长率(同比,%)	7.0	6.9	6.9	7.0
4. 社会消费品零售总额名义增长率(同比,%)	10.4	10.6	10.3	10.4
5. 全社会固定资产投资名义增长率(同比,%)	11.4	9.2	10.1	10.5
6. 房地产投资名义增长率(同比,%)	4.6	1.0	1.2	2.9
7. 出口总额名义增长率(同比,%)	0.1	-1.1	-1.3	-0.6
8. 进口总额名义增长率(同比,%)	-15.6	-15.1	-14.3	-15.2
9. M2货币余额(同比,%)	10.2	13.3	13.5	13.5
10. 信贷(同比,%)	14.4	15.7	15.8	15.8

2015年第三季度CPI上涨1.9%左右,GDP增长6.9%左右,消费品零售增长10.6%左右,固定资产投资增长9.2%左右,房地产投资增长1.0%,货币供应和信贷

分别增长13.3%和15.7%左右。

2015年第四季度CPI上涨1.8%左右，GDP增长6.9%左右，消费品零售增长10.3%左右，固定资产投资增长10.1%左右，房地产投资增长1.2%，货币供应和信贷分别增长13.5%和15.8%左右。

总体上，四季度仍需要宏观政策继续加力增效，经过方方面面的努力，经济企稳，物价涨幅略微回落，消费品零售增速基本平稳，固定资产投资、房地产投资、货币供应的增幅小幅回升。全年CPI上涨1.6%左右，GDP增长7.0%左右。

四 更加突出防御性宏观政策，防范经济金融风险

过去五年，中国经济增长速度保持在中高速以上，对世界经济增长的贡献在30%以上，贡献率超过美国，中国实际上承担了全球经济"稳定器"的角色。但2008年国际金融危机之后的强力刺激政策带来了内部的不稳定：严重的产能过剩、过热的房地产市场、地方政府负债大幅增加、股市过山车般暴涨暴跌，以及资本回报率下降，出现资本流出和人民币贬值预期。由于美联储升息的时间正好

与我国经济增长减速、结构调整、债务去杠杆化以及人民币追求国际化的时间相互重叠，为防止美联储加息导致新兴市场经济体（包括中国）产生系统性风险，缓解国际金融市场震荡对我国金融市场和实体经济造成的恶性冲击，防止发生系统性危机，需要综合考虑国内经济增长、国内资产价格、人民币汇率、资本流动等因素的相互作用，探寻内部经济和外部经济的新均衡点。

四季度国内和国际经济形势更加严峻，国内经济有从"主动调整"转变为"惯性下滑"的风险，需要实施防御性宏观政策。高度警惕国际金融市场的外部冲击对中国经济和金融稳定的影响，正视经济减速的客观规律，把防风险和稳增长有效结合起来，扎紧篱笆，苦练内功，牢牢守住不发生系统性风险的底线。进一步实施积极有效的财政政策和稳健灵活的货币政策，继续深化经济体制改革，创新宏观调控方式方法，加大力度扩大国内需求，特别是促进投资稳定增长，使经济运行保持在合理区间。

（一）优先考虑金融稳定目标，防范金融风险

当前中国货币政策面临两难选择，要求稳定汇率以实现金融稳定目标，同时保持货币政策独立性以实现稳增长

目标,这就必须暂时放弃资本自由流动的目标,特别是防止投机性资本流出。(1)扩大货币互换范围和规模,为应对未来潜在的金融震荡风险创造风险防范机制。(2)加强资本项目流出监管,提高资本流出的交易成本。央行要加强对全球资本流动的监测,准确判断形势,灵活运用冲销操作、利率和法定准备金率等政策工具,消除资本流动对货币供应的冲击,稳定金融市场。提高外汇远期交易的保证金,防止资本流出过快和人民币大幅贬值造成巨大冲击。(3)要警惕"中国套息交易",甄别资本外逃的新渠道,防止中国服务贸易逆差继续扩大,严厉打击地下钱庄。

(二)加大稳增长政策力度,防止全面通货紧缩和经济下行突破底线

扩大地方债置换规模,降低地方政府债务杠杆比率,化解债务压力,在财政收入增速大幅下滑的背景下,央行有必要通过量化宽松的类似央行购债的途径增加市场流动性,最大限度降低财政发债的挤出效应;推动国内收入分配公平和民生工程;在人民币适度贬值之后,利率下调空间被打开,有利于降低真实利率;降低基建投资项目资本

金比例，加大城市地下管网等基础设施建设。

（三）深化国内改革，推动创新创业，防止全要素生产率下行

新常态经济下，数量扩张已经受到约束，需要通过创新驱动和国内改革推进产业结构升级和经济结构调整，扩大新技术投资，提高经济发展的质量和效率，提高全要素生产率；推进国企改革，实现企业重组和产能出清。继续加大力度促进创新创业。促进第三次工业革命，工业4.0革命将催生智能机器人、云计算、大数据、物联网等新产品、新业态、新产业发展，深度融合工业化和信息化，推进制造业和产业结构升级。夯实经济长期稳定发展的基础。

（四）把握世界经济大势，防止中国过多承担国际经济调整成本

当前世界经济复苏缓慢，中国需要想方设法推进国际社会共同承担经济调整成本。（1）推动国际性结构改革和宽松政策合作，改善国际经济环境和总需求。此次金融震荡之后，国际社会普遍担忧国际经济增速放缓，中国应加强主动性,通过多种国际合作平台推动国际性合作,要求发达国家承担更多稳增长义务,防止贸易保护主义,防止货币竞争性贬值。(2)高举发展大旗,推动发达国家、中国、欠发达国家三方的国际产能合作。落实"一带一路"战略,推进亚投行等国际金融机构发展,扩大世界基础设施建设规模,在互利共赢中实现需求增长。

专题一
第三季度财政形势分析与展望

蒋 震

我国经济进入新常态决定了财政收支形势的大体趋势，它既是我国转变经济结构的量的变化趋势，也是经济在客观演化过程中的质的必然变化。2015年1—8月的财政收支形势符合这种大趋势。此期间，随着稳增长、促改革、调结构、惠民生一系列政策措施的出台和落实，在整个宏观经济政策的刺激下，财政收入与支出出现了新特征和新趋势，值得我们去关注、分析。

一 财政收入形势分析*

从财政收入总量来看,2015年1—8月,财政收入形势仍然与2014年以来的增长趋势基本一致,财政收入规模增长与国民生产总值增长之间呈现了一种较为稳定的关系。

(一)一般公共预算收入的总量分析

表1和图1是2015年1—8月当月一般公共预算收入同比增长率。从当月来看,一般公共预算收入呈现先上升、后下降的基本趋势,在6月达到高点,增长率达到13.90%,同口径增长率达到12.10%。再将前两个季度的GDP当季增长与一般公共预算收入当月增长相比较,2015年第一季度GDP当季比去年同期增长6.65%,第二季度当季比去年同期增长7.10%。这说明,第一季度一般公共预算收入当月增长率明显低于GDP增长;第二季度中的4月、6月的一般公共预算收入增长率明显高于GDP。如果

---

* 若无特别说明,财政收入数据来源于财政部各月财政收支情况的数据;GDP数据来源于国家统计局。

按照同口径收入的话,则仅有6月的同口径一般公共预算收入增长率高于GDP。

表1 2015年1—8月一般公共预算收入当月和前两个季度GDP当季同比增长率

	1—2月	3月	4月	5月	6月	7月	8月
一般公共预算收入当月	3.20%	5.80%	8.20%	5%	13.90%	12.50%	6.20%
同口径一般公共预算收入当月	1.70%	4.20%	4.70%	3.40%	12.10%	9.10%	3.50%
GDP当季	第一季度为6.65%			第二季度为7.10%			

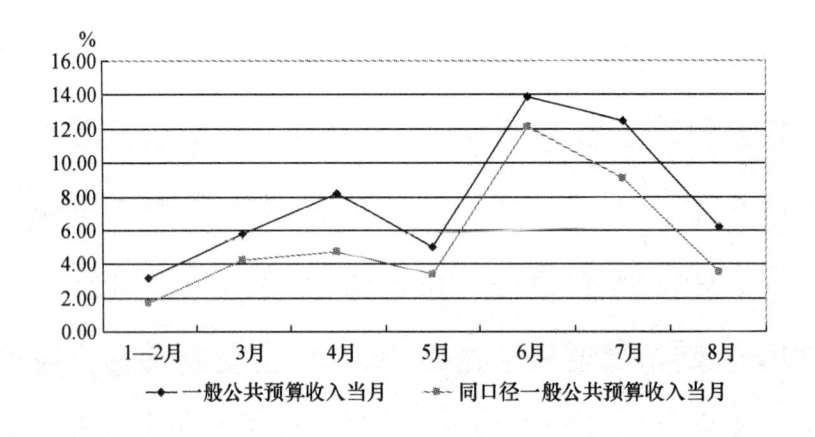

图1 2015年1—8月一般公共预算收入当月同比增长率

图2是当月累计一般公共预算收入同比增长率。从当月累计来看,有着不同特征的趋势,一般公共预算收入基本呈现逐步上升的趋势,仅有1—8月累计同比增长率略低于1—7月累计0.1个百分点。再将前两个季度的GDP当季累计增长与一般公共预算收入当月累计增长相比较,

2015年第一季度 GDP 当季累计比去年同期增长 6.65%，第二季度当季累计比去年同期增长 6.89%。这说明，第一、二季度一般公共预算收入当月累计增长率均低于相应季度的当季累计 GDP 增长率。

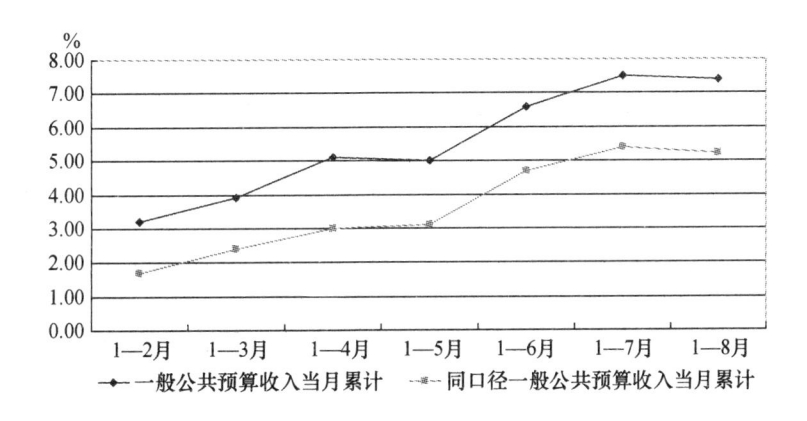

表2　　　2015 年 1—8 月一般公共预算收入当月累计和

前两个季度 GDP 当季累计同比增长率

	1—2月	1—3月	1—4月	1—5月	1—6月	1—7月	1—8月
一般公共预算收入当月累计	3.20%	3.90%	5.10%	5%	6.60%	7.50%	7.40%
同口径一般公共预算收入当月累计	1.70%	2.40%	3%	3.10%	4.70%	5.40%	5.20%
GDP 当季累计	第一季度为 6.65%			第二季度为 6.89%			

图2　2015 年 1—8 月一般公共预算收入当月累计同比增长率

事实上，从财政收入与 GDP 的关系来看，它仍然反映出了一个老问题，即在经济增长率一旦回落，往往财政收入增长率会低于 GDP 增长率。这与经济处于高速之时，财政收入增长率高于 GDP 增长率形成鲜明对比。

（二）一般公共预算收入的结构分析

除了总量分析之外，一般公共预算收入的结构分析能够从不同角度精确描述 2015 年以来 8 个月的结构特征，便于我们把握宏观经济和财税形势的结构趋势。

第一，分中央政府和地方政府的各级次来观察。从当月增长率来看（见图 3）：如果考虑到 11 项政府性基金转列一般公共预算之后的影响，2015 年 1—8 月，中央一般公共预算收入当月同比增长率普遍低于地方同类指标，唯一例外的是 6 月，中央一般公共预算收入当月同比增长率为 17.9%，高于地方的 11.2%。如果扣除 11 项政府性基金转列一般公共预算的影响，按照同口径增幅计算来看，各月中央一般公共预算收入当月增长率与地方高低不一。

从当月累计增长率来看（见图 4）：如果考虑到 11 项政府性基金转列一般公共预算的影响，2015 年 1—8 月，中央一般公共预算收入当月累计同比增长率均低于地方。如果扣除 11 项政府性基金转列一般公共预算的影响，按照同口径增幅计算来看，中央一般公共预算收入当月累计增长率在大部分月份低于地方。

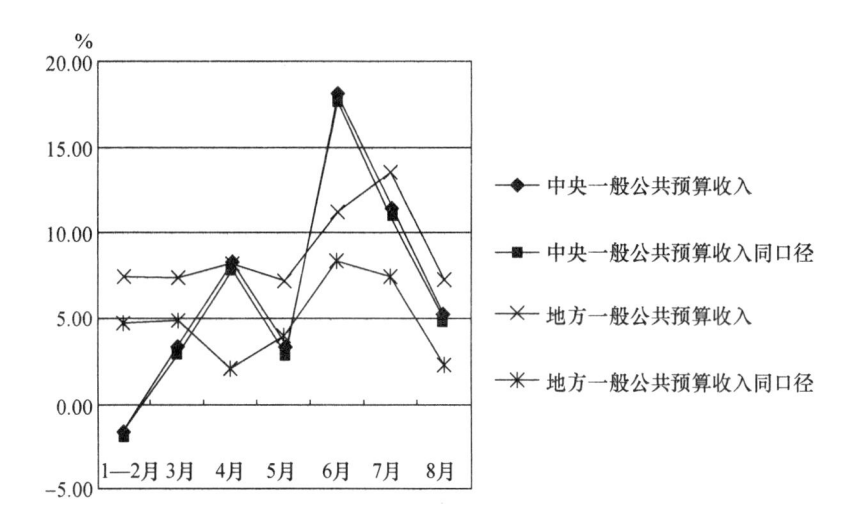

图3　2015年1—8月中央和地方一般公共预算收入当月同比增长率

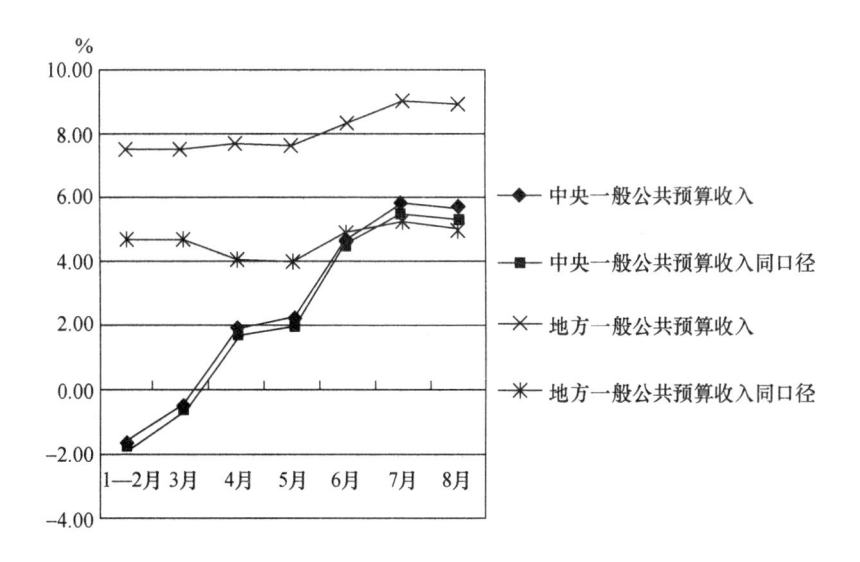

图4　2015年1—8月中央和地方当月累计一般公共预算收入增长率

第二，从税收收入的增长速度和结构来进行分析。从图5中可以看到，2015年1—8月，一般公共预算收入和税收收入当月同比增长率的变化趋势及比较，其中有三个特点：一是税收收入的各月同比增长率变化起伏较大，1—2月仅同比增长0.8%，经过3月的2.5%，上升至4月的5.8%，然而，5月便陡然下降至0.4%，然后6月陡然上升至10.8%，经过7月的10.4%，又下降至8月的3.5%。二是前两个季度各月份，税收收入同比增长率普遍低于GDP增长率。前三个月份的税收收入同比增长率均低于2015年第一季度GDP当季同比增长率。4月、5月、6月三个月中，仅6月的税收收入同比增长率高于第二季度GDP当季同期增长率。三是税收收入和一般公共预算收入的关系。如果考虑到11项政府性基金转列一般公共预算之后的影响，1—8月，税收收入各月同比增长率均低于一般公共预算收入。如果扣除11项政府性基金转列一般公共预算的影响，按照同口径增幅计算来看，1—8月中除了4月和7月之外，税收收入各月同比增长率均低于一般公共预算收入。

分税种来看，2015年1—8月，主要税种收入各月的增长趋势变化不一。主要有以下几个特征（见图6）：

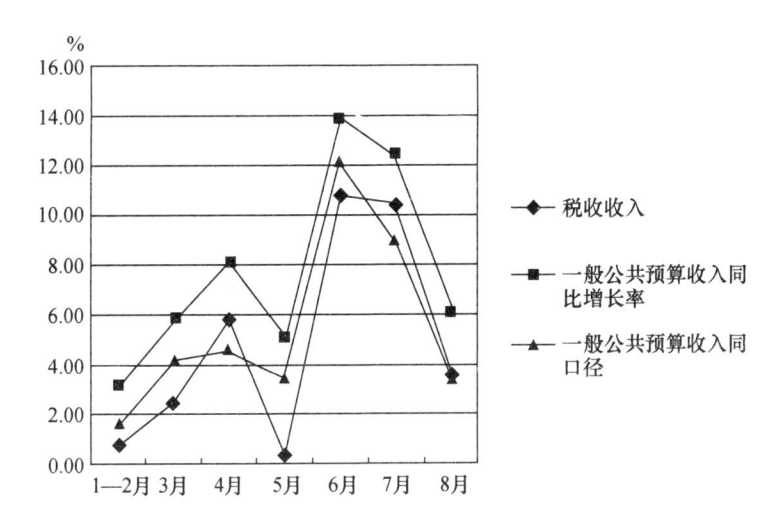

图 5 2015 年 1—8 月一般公共预算收入和税收收入当月同比增长率比较

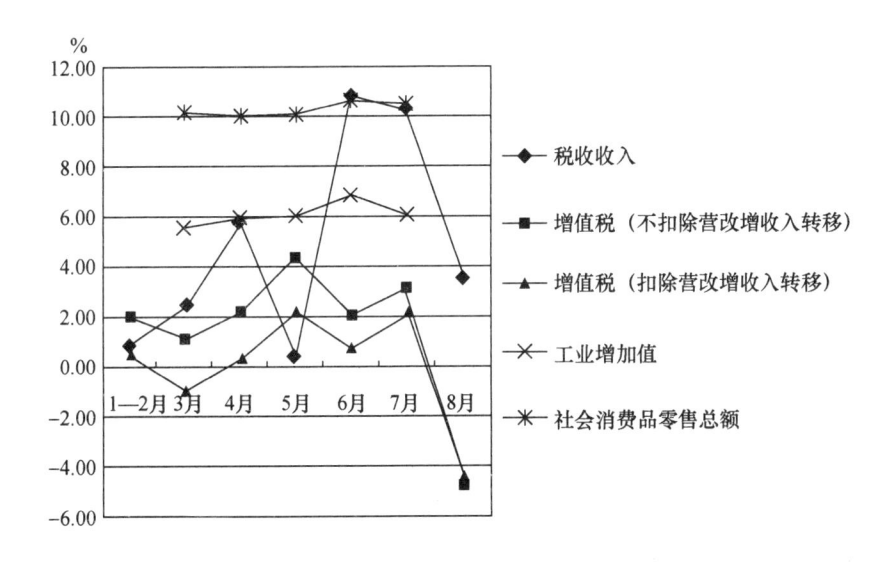

图 6 2015 年 1—8 月增值税收入当月同比增长率①

---

① 工业增加值和社会消费品零售总额数据来源于国家统计局网站月度数据，但该数据仅有 3 月、4 月、5 月、6 月、7 月当月数据，1 月、2 月、8 月当月数据空缺。因此，本部分的比较将比较有数据的月份。

一是增值税同比增长率大部分低于税收收入同比增长率。如果扣除"营改增"导致的收入转移因素，那么增值税收入的同比增长率仅在5月高于税收收入增长率，特别是8月，增值税呈现同比负增长的趋势，这在2015年还是第一次出现，且降幅较大。2015年8月，增值税收入同比下降4.7%，扣除"营改增"转移收入影响下降4.3%；值得注意的是，2015年1—8月有数据的月份中，工业增加值和社会消费品零售总额当月增长率大大高于增值税增长率，而且社会消费品零售总额都以两位数的增长率增长。然而，过去8个月内，工业生产者出厂价格和购进价格的持续走低，显然对增值税收入的增长有着非常明显的不利影响[①]。图7是工业生产者以及主要工业品购进价格指数的基本情况，从中可以看出，假设上年同月价格=100，工业生产者购进价格指数一直从1月的94.8降至8月的93.4。其他代表性的工业品购进价格也呈现类似趋势，包括燃料、动力类，化工原料类，木材及纸浆类，建筑材料及非金属矿类，农副产品类。

---

① 本文无法找到国家统计局工业生产者出厂价格指数的相关数据，只能以工业生产者购进价格指数作为分析、比较对象。

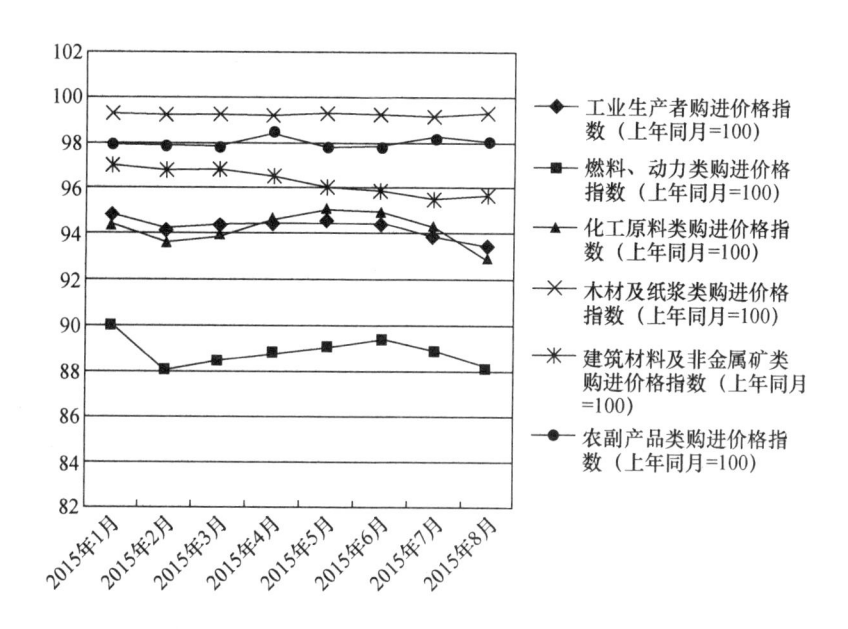

图 7　工业生产者及主要工业品购进价格指数（假设上年同月价格 = 100）

资料来源：国家统计局网站公布的月度数据。

二是与进出口相关的税收呈现负增长趋势，进出口形势低位运行的趋势非常明显。从图 8 中可以看到，2015 年 1—8 月，各月进口总值的当月同比增长率均为负值，有些月份的负增长率较高；各月进口总值以及出口总值中，除了 2 月，其他月份的当月同比增长率均为负值。严峻的外贸进出口增长形势显然会显著影响进口环节增值税、消费税、关税收入的增长。从图 9 可以看出，进口环节代征增值税和消费税、关税收入当月同比增长率均为负值，相当多的月份同比增长率在 -10% 以下。

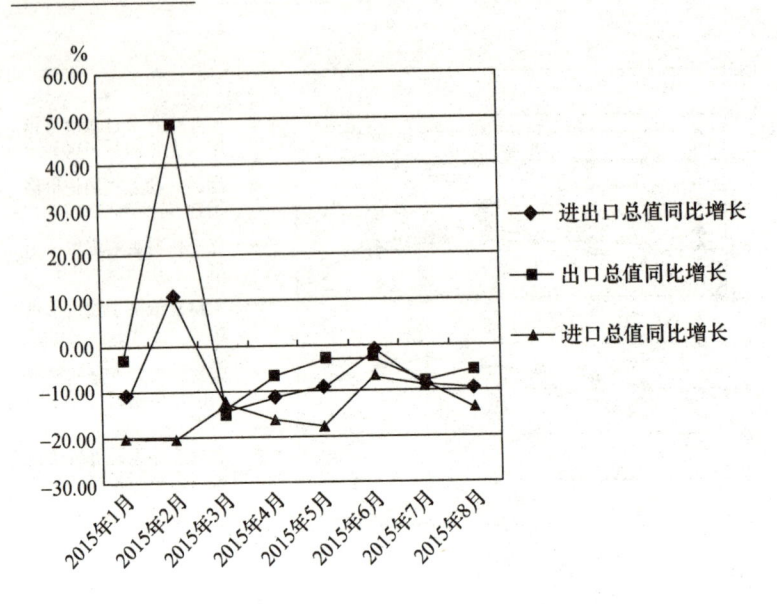

图 8　进出口总值同比增长率

资料来源：国家统计局网站公布的月度数据。

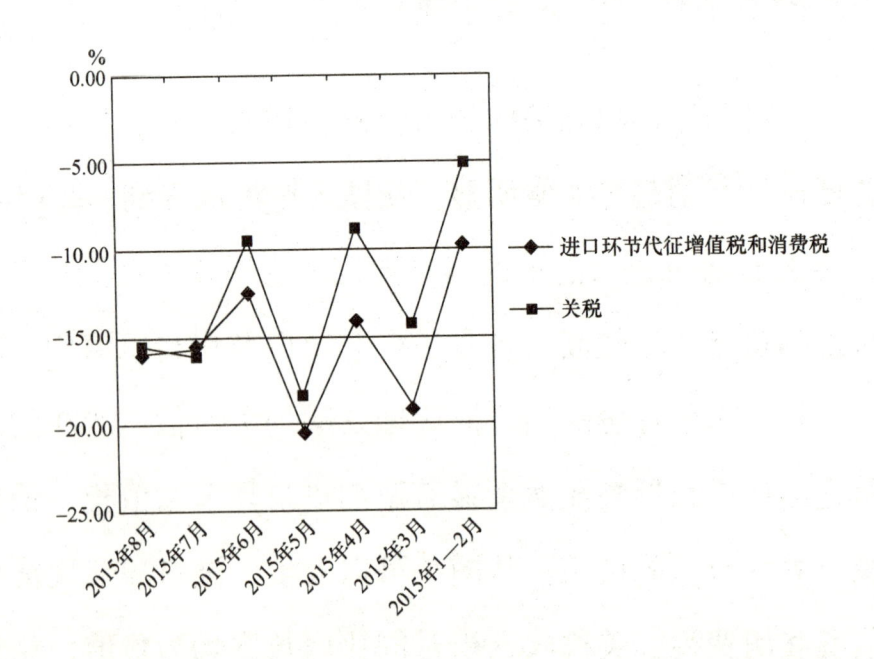

图 9　进口环节代征增值税和消费税、关税收入当月同比增长率

三是企业所得税的增长率各月变动较大，工业企业效益处于低位状态。从图10可以看出，企业所得税在各月的变动很大，大部分月份的同比增长率都为正数，但一个值得关注的特点是在所有有数据的月份中，工业企业的企业所得税同比增长率都为负值，这说明在过去8个月内工业企业的效益状况并不好，这也反映出整个宏观经济运行仍然处于低潮。

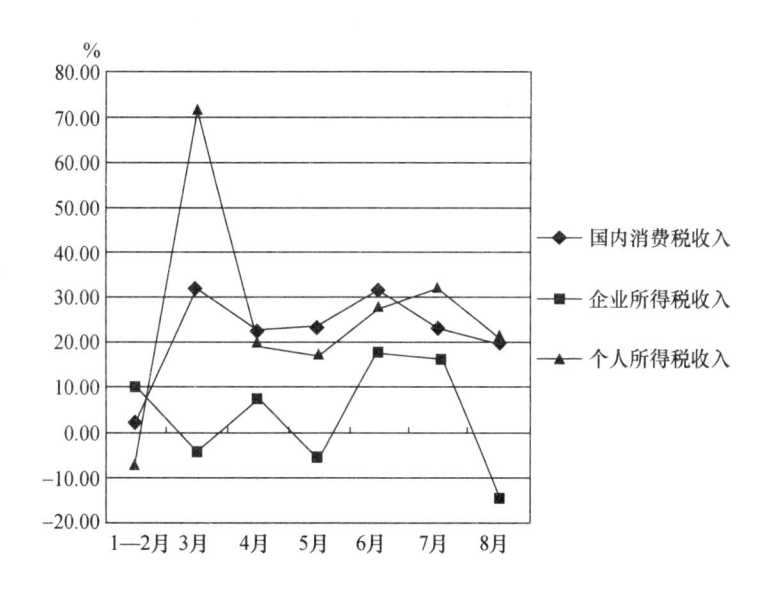

图10 消费税、企业所得税和个人所得税当月同比增长率

四是国内消费税和个人所得税继续延续快速增长的趋势。从图10中可以看出，在大多数月份，国内消费税和个人所得税收入的同比增长率都在20%左右或者20%以上。一个有趣的现象是虽然宏观经济和工业运行形势并不是十分理想,但消费需求增长和消费升级进程在不断加快,据国家统计局的数据显示,2015年1—8月,社会消费品零售总额增长还是较快的,而且消费升级的趋势非常明显,新业态、消费升级类商品的增长率较快,另外,成品油、卷烟等消费品领域的消费税改革也在不断推进,这些改革措施对消费税收入增长也有着非常显著的影响。这说明,消费增长对税收收入的贡献度也在不断显现,这符合我国优化需求结构的趋势。

表3　　金融业营业税和企业所得税当月同比增长率

月份	1—2月	3月	4月	5月	6月	7月	8月
金融业营业税当月同比增长率	20.5%	27.6%	17.2%	—	—	19.5%	52.9%
金融业企业所得税同比增长率	33.7%	—	29%	-5.9%	—	42.2%	14.2%

资料来源:财政部2015年1—8月财政收支情况,"—"代表无法查到数据。

五是在过去8个月内,由于政策促进的作用,部分行业的税收收入增长非常显著。例如金融业,过去一段时间之内,特别是在上半年,虽然股价波动较大,股市的火爆带动了金融业各个领域的增长,这也显著带动了金融业营业税和企业所得税的增长。1—8月,在有数据的月份,金融业营业税增长率均在20%左右或者高于20%;而金融业企业所得税在大多数月份的增长率也很高。2015年7月和8月的证券交易印花税的收入分别达到300亿元、265亿元,同比分别增长5.5倍、3.4倍。

六是与房地产业相关的主要税收收入在上半年月份和下半年月份的增长趋势有着一定差异。1—5月,房地产业营业税和所得税的同比增长率大部分为负值,这说明了上半年房地产业的需求疲软,销售额和效益明显增长乏力。1—2月、3月、4月、5月,房地产营业税分别同比增长 -1.6%、-10.5%、-4.6%、2.3%;1—2月、4月、5月房地产企业所得税分别同比增长8.2%、-11.9%、-11.7%。而进入6月后,情况则有所不同,6月、7月、8月,房地产营业税分别同比增长9.3%、12.7%、28.1%;7月、8月,房地产业企业所得税分别同比增长13.7%、-14.2%。可见,进入下半年以来,受商品房销售回升带动,房地产业回暖趋势非常明显。

(三) 政府性基金预算收入的总量和结构分析

第一,从政府性基金预算收入的总量来看。2015年

1—8月，政府性基金收入增长的一个特点就是与去年当月累计同比，下降较快，一些月份甚至达到30%以上。从图11中就可以看出，政府性基金收入（包括同口径）在1—8月当月累计下降都在30%左右或以上。

第二，从政府性基金预算收入的结构来看。地方政府性基金收入（包括同口径）的同比下降幅度最大，大多数月份都在32%以上，很多月份达到35%，高于政府性基金收入的下降幅度。而中央政府性基金收入的增长则稍微好一点，部分月份为正值，在有数据的月份中，6月的同比增长率达到13.8%，同口径达到18.4%；在各项政府性基金收入中，一个较为特殊的基金收入类型就是国有土地使用权出让收入，除了8月之外，其他月份的同比下降幅度均在36%以上，由此可见，国有土地使用权出让收入的同比下降，成为引发政府性基金收入和地方政府性基金收入下降的重要原因之一。从表4中可以看出，2015年2—7月，房地产业土地购置面积和土地成交价款当月累计增长率都为负值，且降幅较大。这一定程度上证明了国有土地出让收入增长的变化趋势。

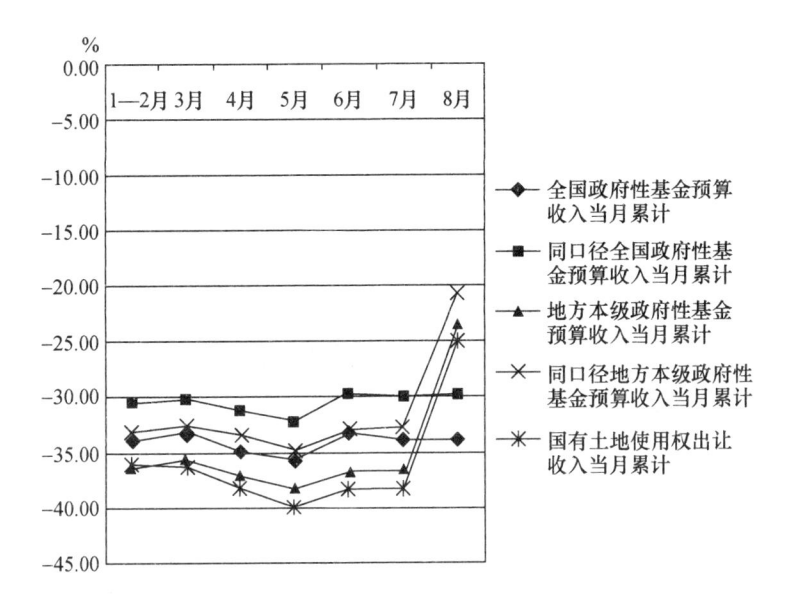

图 11　2015 年 1—8 月政府性基金收入当月累计增长率

资料来源：财政部网站各月财政收支情况，但由于有些月份缺失中央政府性基金收入数据，因此，本表没有专门用曲线进行比较。

表 4　2015 年 2—7 月房地产业土地购置面积和土地成交价款

指标	2015年2月	2015年3月	2015年4月	2015年5月	2015年6月	2015年7月
房地产业土地购置面积当月累计增长（%）	-31.7	-32.4	-32.7	-31	-33.8	-32
房地产业土地成交价款当月累计增长（%）	-30.2	-27.8	-29.1	-25.8	-28.9	-25.6

资料来源：国家统计局网站月度数据。

二 财政支出形势分析

(一) 一般公共财政支出总量和结构

从一般公共财政支出总量来看,2015年1—8月的变化趋势主要有以下几个特点:

第一,各月一般公共财政预算支出当月同比增长率高低不一。从图12的各月同比趋势来看,绝大多数月份一般公共财政支出累计的增长率都在两位数,最高的为4月,全国一般公共预算支出比上年同月增长33.2%,如果考虑11项政府性基金转列一般公共预算的影响,同口径增长31.6%;最低的为5月,全国一般公共预算支出比上年同月增长2.6%,如果扣除部分政府性基金转列一般公共预算的影响,同口径增长1.6%。

这个趋势出现的重要原因是针对财政收入增长不断放缓的现实状况下,财政支出用于稳增长、调结构、促改革、惠民生的目标较为强烈,作用和效果也在显现,连续采取了一系列积极的财政政策措施来促进经济平稳运行,一般公共预算支出保持了较快增长的势头。

第二，2015年1—8月的大多数月份，中央一般公共预算支出的同比增长率高于地方。从图12可以看出，7月中央一般公共预算支出当月同比增长率甚至高达48.6%。这一系列数据结果的背后有着加强预算执行管理、加快重点支出预算执行进度的努力。

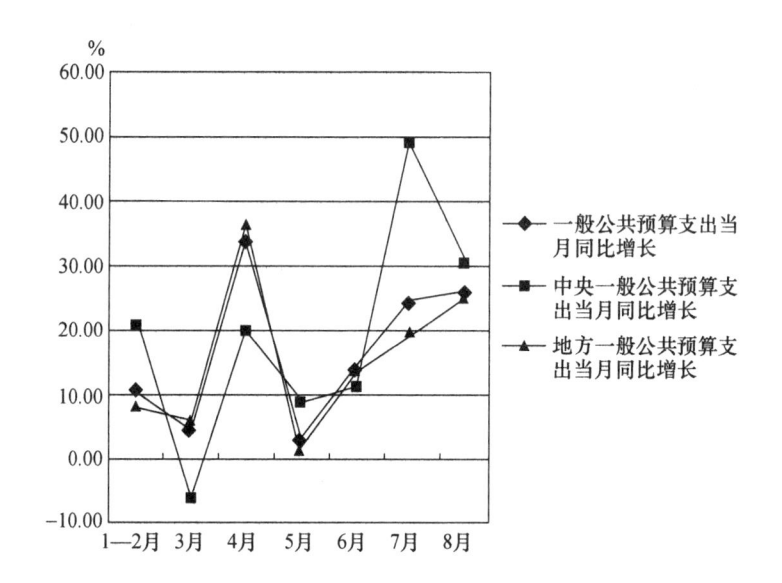

图12　中央和地方一般公共预算支出当月同比增长

注：本图没有考虑同口径的情况。

第三，从财政支出结构安排来看，财政支出结构不断与转变经济结构、保障民生相适应。财政支出结构围绕转变经济结构来安排相应的资金，大力支持创业、万众创新，支持"三农"，支持小微企业，支持节能减排和环境保护等领域。此外，财政支出继续向民生倾斜，教育、医疗卫生与计划生育、城乡社区等领域的支出增长都非常快。

（二）政府性基金支出的总量和结构

与政府性基金收入的同比下降趋势相适应，政府性基金支出的下降趋势也非常明显，1—8月，全国政府性基金预算支出比去年同期下降23.1%，同口径下降20.4%。其中：中央本级政府性基金预算支出比去年同期下降17.7%，同口径下降15.6%；地方政府性基金预算支出比去年同期下降23.5%，同口径下降20.7%。由于房地产业的发展影响，国有土地使用权出让收入安排支出同比下降25%。

三 对未来财政收支形势的展望

（一）对于财政收入形势的展望

第一，由于工业领域产能过剩消化仍然需要时日，工业企业的效益回转仍然需要时间，预计增值税收入和工业领域企业所得税的增长仍然将维持一个低位增长的趋势。

第二，消费升级进程将不断加快，服务业的增长将不断加速，由此产生营业税和消费税收入将经历一个较快增长的势头。消费需求对经济增长的贡献度将会逐步提高，信息服务、旅游等新兴消费领域将面临显著的增长。

第三，房地产市场的持续稳定运行将有助于相关税收收入增长，但由于房地产业的局部过剩特征较为明显，这显然会影响房地产价格的上涨趋势，由此影响国有土地使用权收入以及房地产相关税收收入的增长速度。

第四，税制改革可能带来的减税影响。过去一段时期内，我国正在稳定深化财税体制改革，一系列重大税制改革措施纷纷提上日程，特别是营业税改征增值税，这项改革发挥了显著的减税效果，但随着"营改增"改革的逐步深化，一旦将之扩大至建筑安装业、不动产、金融保险业，甚至生活性服务业，所引发的实际减税规模会更大，这显然也会影响财政收入增长速度。

第五，受国际贸易形势的深刻影响。国际进出口贸易形势直接影响到了进口环节增值税、消费税和关税收入的增长。目前，全国经济仍然处于复苏过程中，它会显著影响我国的出口需求；此外，国内工业企业去产能过剩的过程会显著抑制进口需求，但消费升级会增加进口消费品的需求，抵消前者部分影响。但总体来说，未来一段时间的进口环节的增值税和消费税收入增长仍然乏力。

（二）对于财政支出形势的展望

未来一段时间内，财政支出结构将紧紧围绕稳增长、调结构、促改革、惠民生来安排，应继续加强预算管理力度，加强执行支出进度。未来财政支出可能作用的空间主要包括：

一是东部地区基础设施的更新改造投入和中西部地区新建基础设施的投入。二是生态环境建设投入，加大环境保护和生态修复力度。三是城镇化的相关投入。四是为了应对人口老龄化的威胁，针对社会保障的投入。五是其他一些基本民生的投入。例如教育、医疗卫生、就业等。总之，预计上述领域的财政支出仍然会维持较高的增长率。

专题二
第三季度内贸流通形势分析与展望

依绍华　张　昊　李　蕊

一　2015年1—8月内贸流通形势分析

2015年以来，我国内贸流通领域运行平稳，规模增速略有回落但处于合理区间。从地区结构看，农村市场增长强劲，增长幅度高于城镇。分业态而言，零售业增速有所回升，餐饮业复苏速度相对更快；电子商务保持高速增长，并成为拉动内贸流通乃至整体经济增长的重要力量。

（一）我国内贸流通市场总体情况

2015年以来，我国社会消费品流通规模发生回落，但进入下半年以后有所回升。国家统计局数据显示，5月社会消费品零售总额及增速触底反弹，并在6—8月保持10.5%以上的水平（见图1）。这进一步表明，内贸流通领域缓中趋稳、稳中向好的发展格局基本确立，行业转型带来的增长提速的后劲正在逐渐显现。

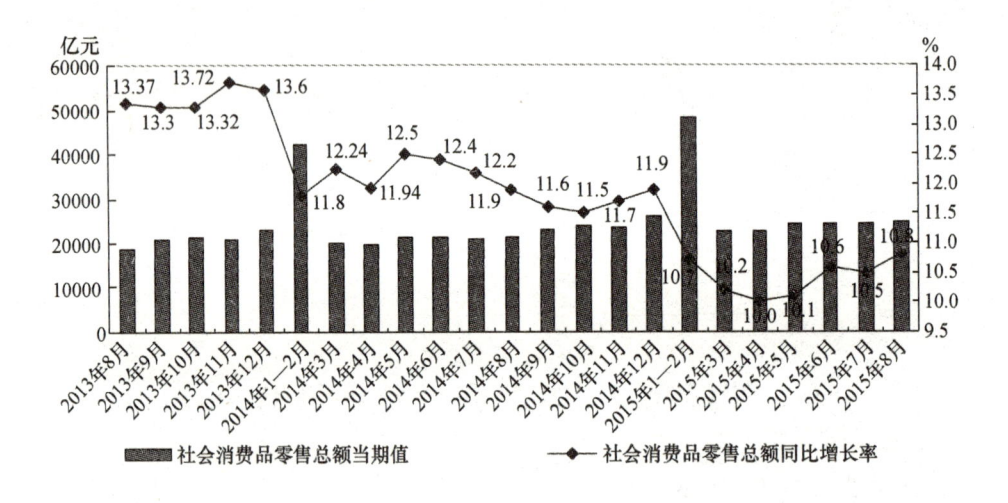

图1 我国社会消费品零售总额及同比增长率（2013年8月—2015年8月）
资料来源：国家统计局。

主要特点如下：

一是农村零售增速持续高于城镇，城乡增长差距趋于稳定。进入2015年以来，虽然我国经济进入了新常态，但农村消费却显示出强劲的增长动力，其增速一直高于城镇。国家统计局数据显示，1—8月，城镇消费品零售额实现164375亿元，同比增长10.3%；而农村消费品零售额实现26434亿元,同比增长11.7%。8月,城镇消费品零售额实现21528亿元,同比增长10.6%;农村消费品零售额实现3365亿元,增长11.9%(见图2)。显示出城乡消费增长差距渐趋稳定。

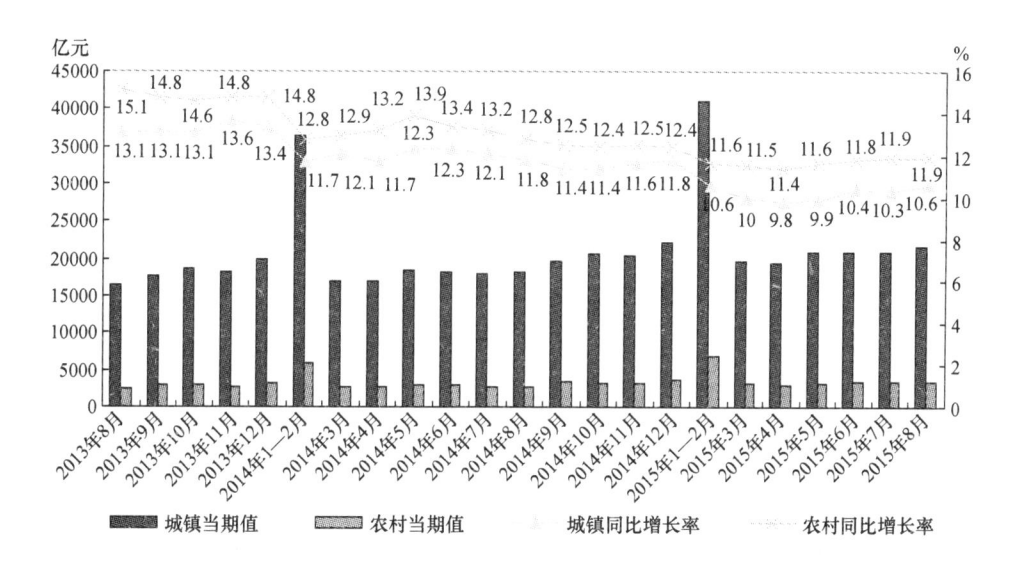

**图2 城镇与农村社会消费品零售总额及同比增长率
(2013年8月—2015年8月)**

资料来源:国家统计局。

二是网上零售增速高于实体零售,占社会消费品零售总额比重不断上升。与实体零售相比,网上零售业增速较快,2015年我国网上零售增长率接近40%,处于高速增长区间,成为拉动经济的重要力量。2015年1—8月,全国网上零售额实现22401亿元,同比增长36.5%(见图3)。其中,实物商品网上零售额18653亿元,增长35.6%,占社会消费品零售总额的比重为9.8%。网络零售中各类商品的销售增长也有所不同。其中，吃类、用类商品的增速较高，而消费弹性较大的穿类商品销售增速则低于前两类商品10个百分点以上；非实物商品销售额增速同样较快，这一部分销售额主要由充值消费、服务付款等构成，其目前的消费规模及基数仍相对较小。

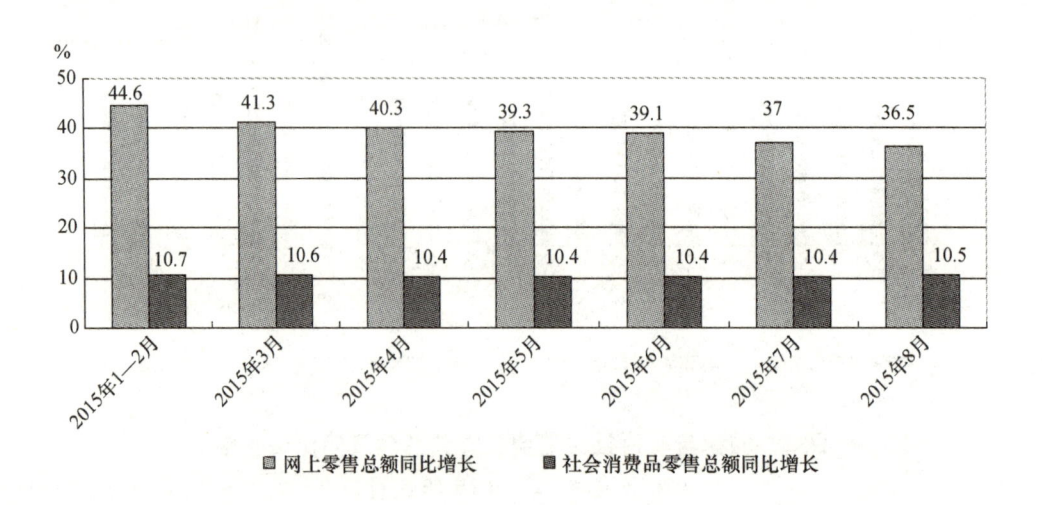

图3 我国网上零售额（累计值）与社会消费品零售总额同比增长率（2015年1—8月）

资料来源：国家统计局。

三是文娱类消费快速增长，带动大众消费层次提升。随着生活水平的提高和收入的增加，人们对商品需求从实物型商品上升为文化娱乐等享受型消费。目前我国居民服务类消费在居民支出中的占比已达到25%，根据商务部监测的 5000 家重点零售企业数据显示，文化类、体育娱乐类商品 8 月销售额分别增长 14.5% 和 11.4%，较上年同期分别提高 8.2 个和 6.1 个百分点。我国发展服务消费、提升消费层次的社会环境已初步形成。

四是消费者信心稍有回落，仍处于高位。2015 年以来，我国消费者信心超过 100，尤其在 4 月达到 107.6，预期指数达到 110.9，但在其后略有微调，7 月消费者信心指数达到 104.5，同比增长 0.08%，消费者预期指数达到 107.0，同比增长 -0.94%，显示消费者信心有所回落（见图 4）。但该数值仍大于 100 且处于较高水平，表明未来一段时间内消费取得较快增长的机会仍然存在，发展趋势没有发生明显改变。

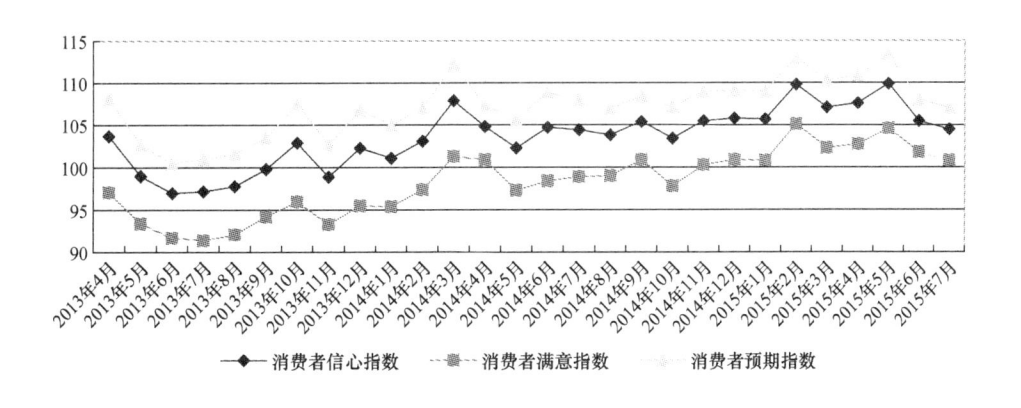

图 4　消费者信心指数变化趋势图（2013 年 4 月—2015 年 7 月）

资料来源：国家统计局。

（二）内贸流通领域消费品价格情况

2015年1—8月我国主要消费品价格稳中略升，全国居民消费价格总水平比去年同期上涨1.4%，其中8月全国居民消费价格总水平同比上涨2.0%。工业消费品方面，价格总体平稳。其中，烟酒类、体育娱乐用品类、家用电器及音像器材类商品基本保持价格不变，交通通信类有所下降，衣着类和食品类价格有所上升。

食品类方面，总体价格指数温和回升。其中，粮食和水产类基本保持稳定，蛋类和水果类跌幅明显，而鲜菜和肉禽及其制品类小幅上涨。商务部监测的36个大中城市食用农产品价格总水平同比增长3.2%，较上月回升2.8个百分点，同比上涨3.2%，创2014年以来同比涨幅最大值，其中，鲜菜、肉类、禽类、粮食价格同比分别上涨15.7%、8.5%、6.3%和2.0%（见图5）。

服务消费方面，价格运行基本平稳。国家统计局数据显示，交通通信类消费价格呈现持续下降趋势；居住类、家庭用品及维修类商品价格同比涨幅维持在1%左右的低位；医疗保健和个人用品类、娱乐教育文化用品及服务类消费价格同比增幅在2%左右，也处于较低水平（见图6）。

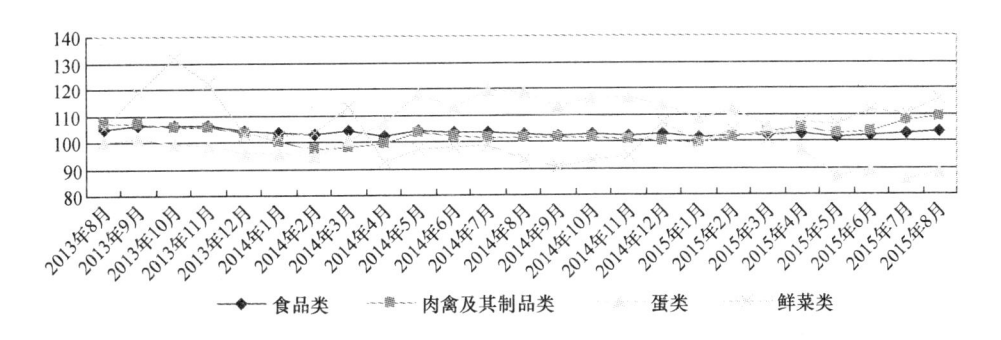

图5 部分主要农产品价格指数变化图（2013年8月—2015年8月）

资料来源：国家统计局。

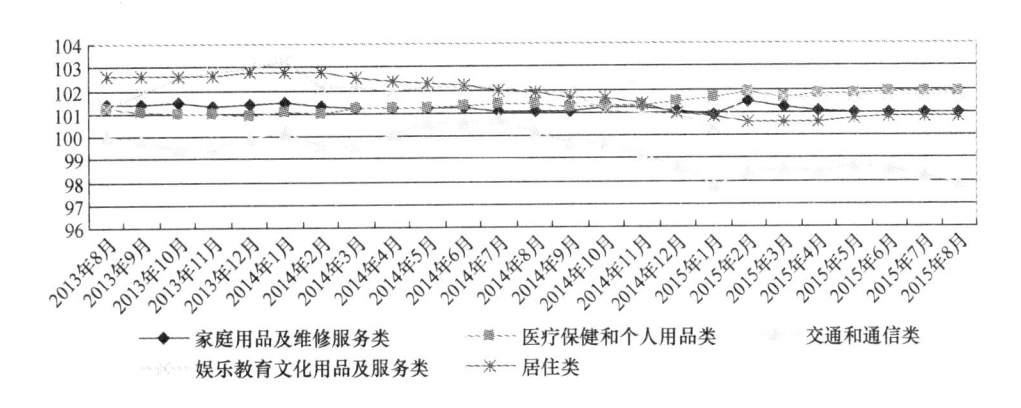

图6 部分主要服务消费价格指数变化图（2013年8月—2015年8月）

资料来源：国家统计局。

（三）主要流通行业运行情况

1. 零售业增速创今年以来新高

2015年以来，我国零售业发展态势整体趋缓，但8月取得较大提升，商品零售实现24893亿元，同比增长10.8%，创今年以来单月增速新高。1—8月商品零售

190809亿元，同比增长10.5%。在限额以上单位零售商品分类结构上，从商品类别来看，消费升级类商品快速增长（见图7）。随着智能产品的推广和更新换代需求的扩大，通信器材依然保持高速增长态势，增长率接近30%，商务部监测的5000家重点零售企业4G手机销量同比增长超过50%；金银珠宝销售增速同比提高11.8%，文化类和体育类商品也分别保持在14.5%和11.4%的高位。消费各品类商品增速结构的变化表明居民消费结构正在由基本的衣食消费向住行消费、通信消费和服务消费转变。

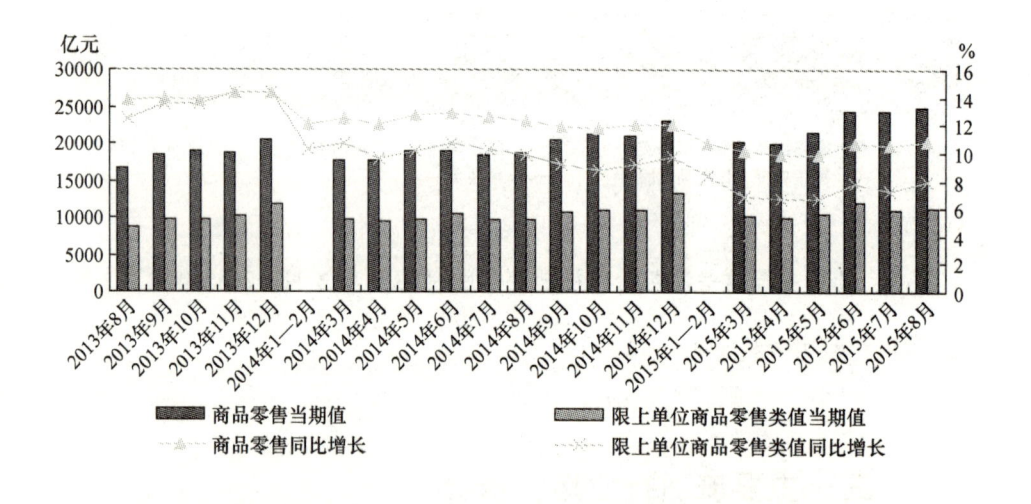

图7 商品零售及限额以上增长率（2013年8月—2015年8月）

资料来源：国家统计局。

"互联网+流通"效果显著，一些零售企业开始O2O转型之路。8月9日，永辉超市引入京东持股。双方达成协议，京东将持永辉10%股份，且将拥有提名永辉超市2名董事（包括1名独立董事）的权利。通过此次合作，永辉超市借力京东进行线上布局，京东则借机布局商业线下资源，这是目前零售商转型应对电商冲击的主要方式。9月23日，首都商业股份有限公司入驻阿里喵街。双方将在云淘公司研发的线上商业解决项目上开展计划为期3年的合作，旨在开通商场消费端App及商家营销平台。首商股份旗下包括奥特莱斯、百货店、购物中心等多种业态，是继银泰、天虹之后又一个加入喵街的大型零售商业企业。

2. 餐饮业持续回暖

随着餐饮业转型渐趋稳定，餐饮市场继续回暖，目前，"大众餐饮为主导、特色餐饮为中坚、高端餐饮为补充"的发展方向已经基本形成。7月、8月全国餐饮收入连续增长，增幅较一季度高1个百分点，其中限额以上单位餐饮收入增长8.9%，基本可以判断餐饮业恢复常态（见图8）。

3. 批发业平稳运行

2015年以来，我国工业、农业相关批发市场运行基本平稳。农产品方面，8月受天气影响，寿光蔬菜价格指数持续上涨，这与蔬菜的季节性和不可保存性密切相关。工

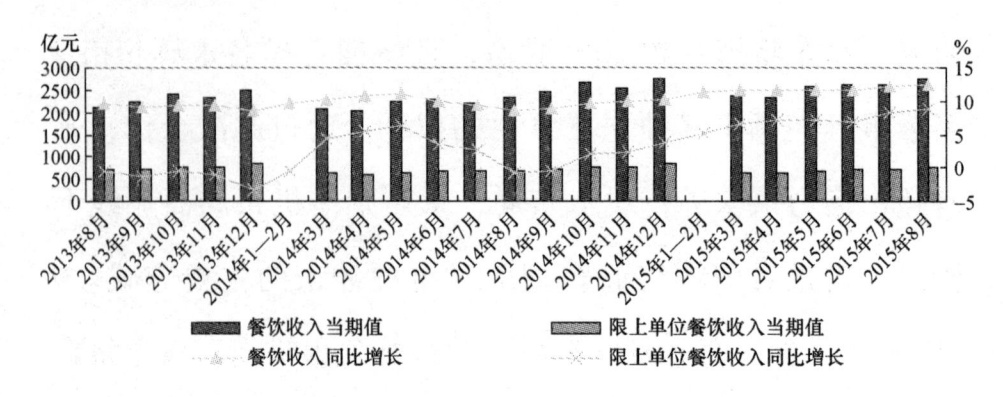

图 8　餐饮收入及限额以上增长率（2013 年 8 月—2015 年 8 月）

资料来源：国家统计局。

业品方面，各类产品因供求属性不同表现各异。以经营五金工具为代表的永康五金市场交易景气指数显示，6 月比上期有所下降，但在 7 月和 8 月持续上升；而义乌小商品景气指数在 8 月有所回落，达到 1157 点，较上月下降 26.5 个点（见图 9）。

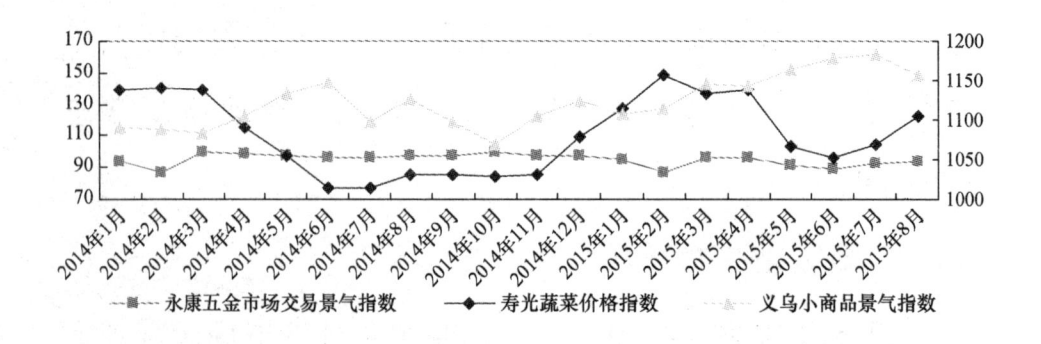

图 9　主要批发市场景气指数（2014 年 1 月—2015 年 8 月）

资料来源：义乌小商品城、永康五金市场、寿光网站。

4. 物流业增速回落

继5月中国物流业景气指数下降以来，7月、8月，中国物流业景气指数（LPI）持续下降，但依然高于50（见图10）。伴随我国经济的进一步回暖，三季度我国物流继续处于扩张发展阶段；同时，随着电商的崛起和电子商务以及网络购物应用的不断推广，我国物流业的发展正处于转型升级、优质发展的提速期。

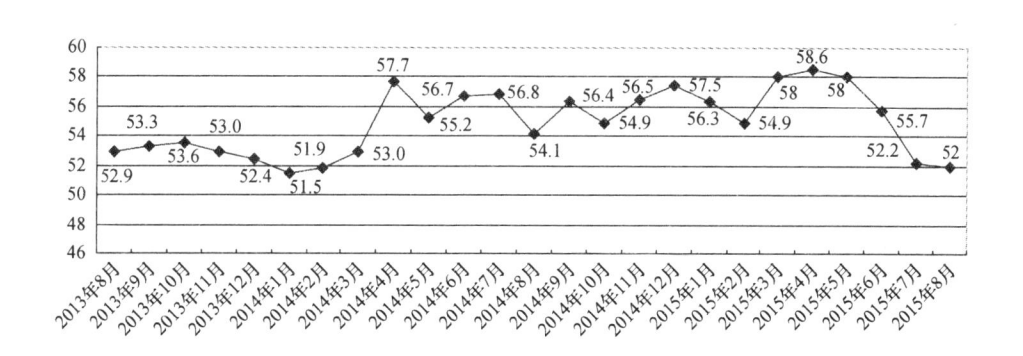

图10 我国物流景气指数LPI（2013年8月—2015年8月）

资料来源：中国物流与采购联合会。

跨境电商及物流业快速发展。各零售企业积极部署，拓展跨境电商物流新模式。8月，淘宝进口平台——全球购的开放正式运作成功了淘宝保税第一单，淘宝全球购保税模式首次大规模成功试水，这说明跨境模式在国家政策倡导下已经在改变着电商格局。亚马逊中国8月开通了

"海外购·闪购"服务,物流合作方是威时沛运,海淘商品平均3天就可以送达。同时,国内主要电商平台加快步伐,纷纷与境外零售企业合作或引入国际知名品牌。9月,香港化妆品连锁店莎莎入驻苏宁海外购,并与京东签订战略合作协议;英国超市Sainsbury's入驻天猫国际。8月,意大利鞋包品牌TODS、美国休闲运动品牌Converse(匡威)等入驻京东。在政策方面,国税总局8月推出16条措施以进一步提高出口退税效率,特别指出要积极落实跨境电子商务企业税收政策,探索创新出口退税管理机制,为跨境电子商务贸易发展创造良好条件。跨境电商的发展改变了过去行业内的竞争格局,电商巨头之间开始通过主动合作谋求共赢。阿里巴巴和苏宁在8月达成协议,以283亿元战略投资,成为苏宁的第二大股东,双方将整合资源,打通线上线下渠道,这将使苏宁云商全国范围内的线下门店以及售后服务网点和服务站与阿里巴巴线上体系实现无缝对接。

二 第四季度内贸流通发展展望

1. 2015年社会消费品零售总额预计增长10%以上

尽管传统的零售业下滑迹象未见好转,绿色消费、信息消费、文化消费等新兴消费业态将会在下半年得到进一步释放。在国家一系列促进消费政策的刺激下，零售业下滑的幅度将会落后于整体经济增长的幅度。此外，电商下乡等一系列政策的实施将会极大地提振农村消费，"互联网+流通"行动的实施也将极大地推动消费的增长。因此，综合各方面因素，预计2015年社会消费品零售总额增长10%以上。

2. 电子商务将大力促进内贸流通的快速发展

商务部5月印发《"互联网+流通"行动计划》，6月国务院常务会议通过《"互联网+"行动指导意见》，8月国家税务总局提出了促进电子商务发展、积极落实跨境电子商务企业税收政策，8月浙江省质监局和省商务厅联合发布8项电子商务的地方标准，这些具体的政策和措施有助于电子商务的快速发展，随着这些政策的陆续落实，将加快互联网与流通产业的深度融合，一定程度上将极大地推动我国商贸流通业的发展。

3. 体验式消费迅速发展

近期体验式消费迅速波及全国，越来越多的商家主张通过体验式消费调动消费者的需求，进而扩大业绩。例如，8月在广州出现了第一家情景式跨境电商超市——

891WORLD 环球购物超市，卖场将出售涉及母婴、酒类、生活家居等大类的三千多款外国进口商品，同时超市设有原生态的仿生工艺树以及美式涂鸦，提升消费者的购物体验幸福感。此外，上海海关为进口水果开辟了"寄售贸易"新渠道，此举可以避免引发价格质疑，保证进口水果快速通关、及时上市，这一新型渠道开辟以后，进口水果将由过去的奢侈品变为日常消费品。

专题三
第三季度进出口形势分析与展望

张 宁

一 2015年1—8月我国进出口总体形势分析

今年以来,我国面临较严峻的外贸进出口形势,下行压力较大。1—8月,我国累计实现货物贸易进出口总额25575.5亿美元,同比下降7.5%;其中出口额为14615.23亿美元,同比下降1.4%;进口额为10960.27亿美元,同比降幅达14.5%;贸易顺差3654.96亿美元。

今年1—8月,我国外贸的总体形势可以总结概括为"出口月度大幅波动,进口明显下降"。具体来说,在全球国际贸易总体下滑、主要经济体和新兴市场国家出口普遍出现负增长的背景下，2015年1—8月我国出口额仅有两个月实现同比正增长，其他月份均为负增长。受春节等季节因素影响，月度之间出口增速大幅波动。1月出口下降3.4%，2月增长48.2%（2014年2月出口基数较低），3—5月的出口降幅逐渐收窄，从同比下降15.1%收窄到下降3.0%，6月出口实现同比2.1%的微幅增长，但7—8月又重新回到了负增长的轨道。在进口方面，受国际大宗商品价格大幅下跌等因素的影响，今年1—8月我国货物贸易进口出现较大幅度的回落。以月度计，8个月全部是同

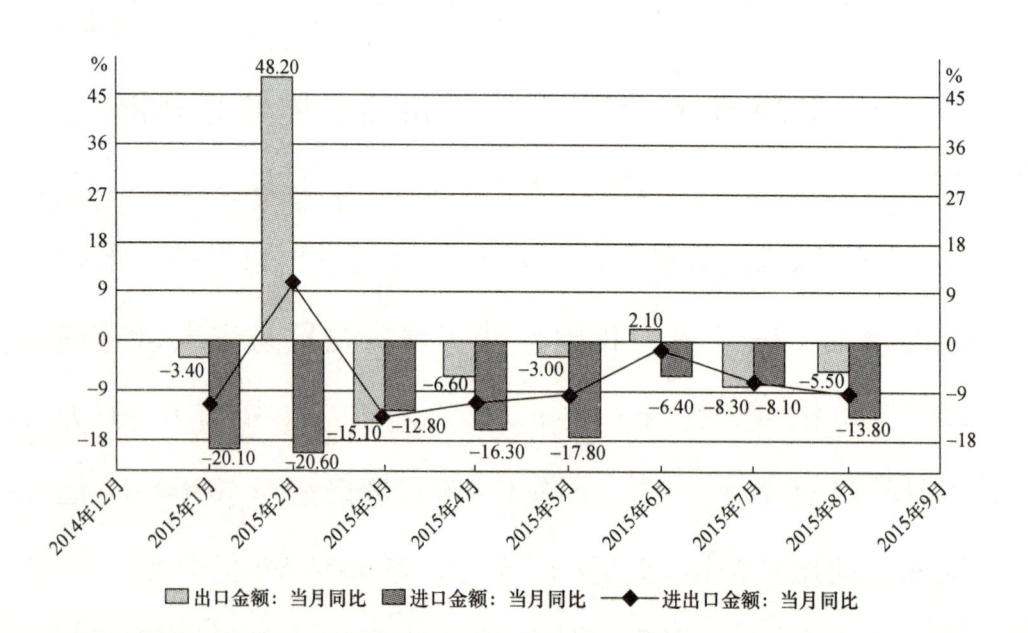

图1　2015年1—8月我国货物贸易进出口额同比增长情况（以美元计）

比下降的。具体来说，1—2月，进口额降幅均在20%左右，3—5月进口降幅在12.8%—17.8%之间波动，6月的进口形势有所好转，降幅仅为6.4%，但7—8月的进口降幅又出现扩大趋势，分别同比下降8.1%和13.8%（见图1）。

二 2015年我国外贸运行中的主要特征

（一）进出口产品结构进一步优化，机电产品和高新技术产品进出口较有活力

从进出口产品结构方面看，今年上半年，我国高新技术产品和机电产品的进出口增长情况好于外贸进出口总体情况，尤其是机电产品，这显示出我国进出口产品结构继续保持了优化向好的趋势。1—8月，我国机电产品出口额同比增长0.9%，比外贸出口总额增长率高出2.3个百分点，其中手机、灯具、船舶等增长较快；高新技术产品出口同比下降0.6%，优于外贸出口总额0.8个百分点。而劳动密集型的纺织品、服装、鞋等产品出口下降较快。在进口方面，1—8月，我国高新技术产品进口仅下降0.4%，机电产品进口仅下降5.4%，都远远优于外贸进口总额同比下降14.5%的水平。这显示出我国高新技术产品

和机电产品的进出口仍呈现较活跃态势（见图2）。

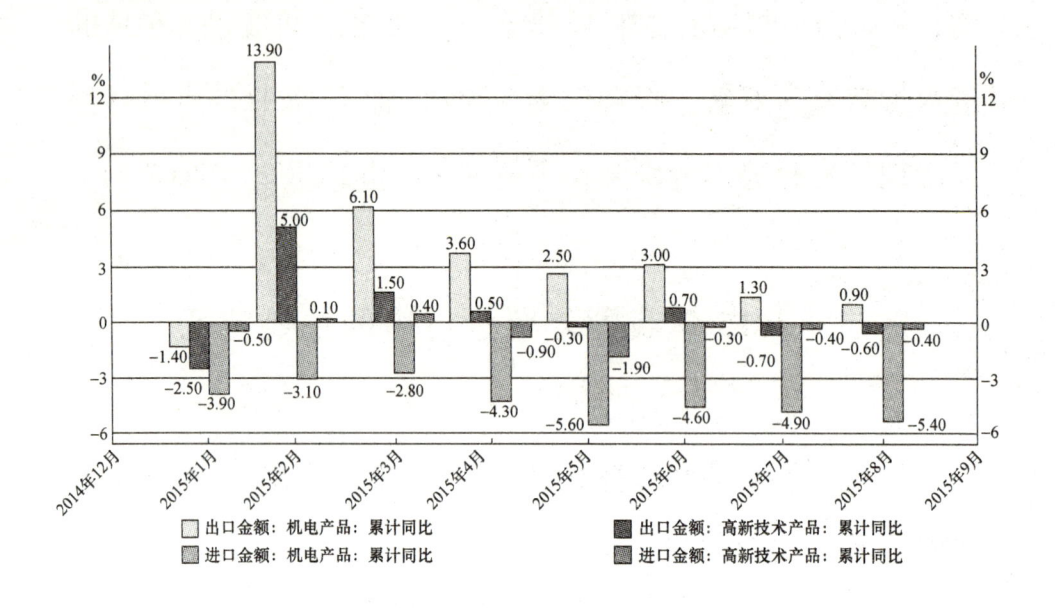

图2　高新技术产品和机电产品进出口增长情况

（二）贸易方式不断优化，一般贸易出口所占比重上升，加工贸易出口持续下降

从贸易方式的角度看，我国出口贸易的方式不断优化，一般贸易出口所占比重上升，加工贸易出口所占比重下降。今年1—8月，我国一般贸易出口额7947.69亿美元，比去年同期增长216.75亿美元，占出口总额的比重达到54.38%，较去年同期提高2.25个百分点。加工贸易出口额5049.20亿美元（其中来料加工装配贸易529.39亿美元，进料加工贸易4519.81亿美元），比去年同期下降

462.20亿美元，占出口总额的比重为34.55%，较去年同期下降2.62个百分点。其他贸易方式出口额为1618.34亿美元，比去年同期增长31.01亿美元，占出口总额的比重为11.07%，较去年同期上升0.37个百分点（见图3）。

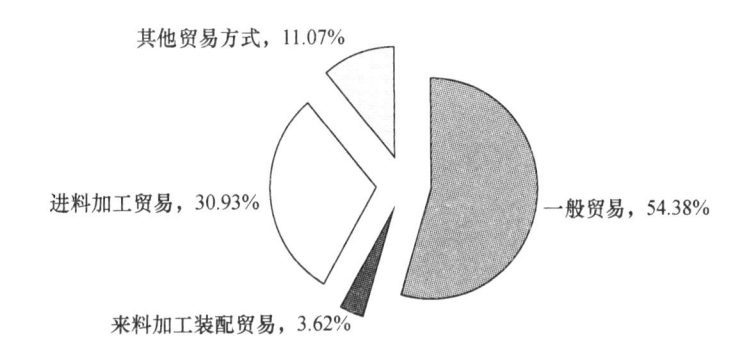

图3　2015年1—8月我国出口贸易方式分析

从主要贸易方式出口额的增减变化角度看，一般贸易是各种贸易方式中唯一保持正增长的，1—8月一般贸易出口额增长了2.8%。而来料加工装配贸易、进料加工贸易出口额同比分别下降8.0%和8.4%，边境小额贸易下滑最快，同比去年下降16.4%（见图4）。一般贸易出口额的增长和比重增加，反映了我国的外贸方式进一步优化，外贸质量进一步提升。而边境小额贸易的快速下滑，可能会部分影响到边境人民可支配收入的增加。

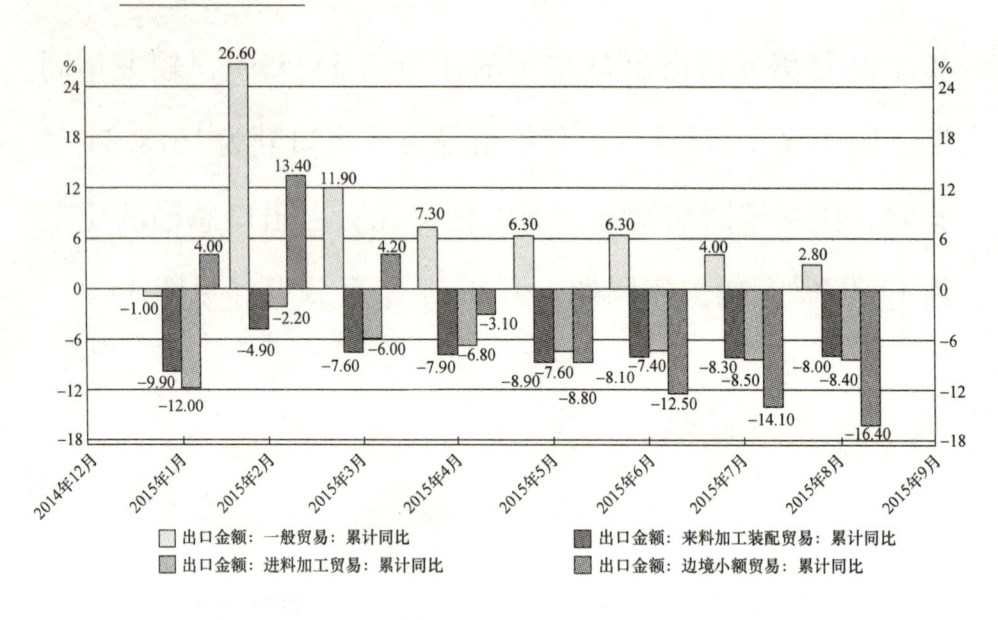

图 4　2015 年 1—8 月我国主要贸易方式的出口增长情况分析

（三）出口市场方面，对"一带一路"沿线国家以及美国的出口保持了较好的增长势头，而对日本、欧盟、中国香港、俄罗斯的出口下滑趋势较明显

从主要出口市场方面分析，1—8 月我国对主要贸易伙伴的出口增减，出现了较明显的分化。随着"一带一路"战略的实施和推进，我国对"一带一路"沿线国家的出口增长较快，如泰国、越南等东盟国家以及印度等。具体来说，今年 1—8 月，我国对东盟国家出口增长 6.1%，对印度的出口增长 7.6%，都远好于我国出口额总体下降 1.4% 的水平，同时对美国的货物贸易出口额增长了 6.1%。另

外，对日本、欧盟、中国香港、俄罗斯的出口下滑趋势明显，今年 1—8 月，我国对日本的货物贸易出口额下降 10.4%；对欧盟出口下降 4.7%，对中国香港的出口下降 9.2%，对俄罗斯的出口下降最为明显，1—8 月对俄罗斯出口额下降达 36.3%（见图 5）。

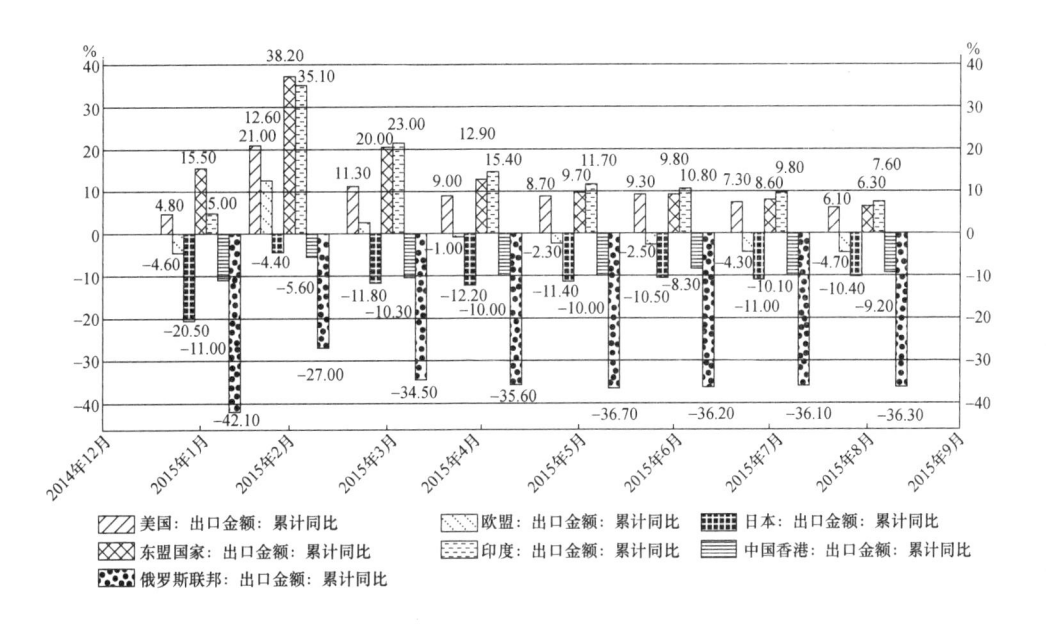

图 5 对主要贸易伙伴国的出口情况分析

（四）从外贸出口的经营主体看，民营企业出口发展迅速，而外资企业和国有企业出口份额有所下降

今年 1—7 月，我国民营企业实现出口额 5643.2 亿美元，同比增长 4.6%，占外贸出口总额的比重为 44.7%，比去年同期提高 2.3 个百分点；外资企业出口 5621.3 亿美元，同比下降 4.8%，国有企业出口 1393.7 亿美元，同比下降 4.3%。

（五）从地区情况看，外贸发展更趋于平衡，中西部地区出口保持了增长势头，占比有所提升

今年 1—7 月，我国中西部地区实现出口 2121.3 亿美元，同比增长 1.1%，占出口总额的比重为 16.8%，比去年同期提高了 0.4 个百分点。而东部十个主要出口省市（广东、浙江、上海、北京、辽宁、天津、福建、河北、山东、江苏）的出口额为 10548.9 亿美元，下降 1.2%。

三　进出口下降的主要原因分析

（一）出口方面

1—8 月我国外贸进出口面临较严峻形势的主要原因，是以下几个因素相互叠加和影响的结果：

第一，人民币实际有效汇率的连续升值。这主要是由于 2014 年 5 月以来，全球主要经济体货币兑美元大幅度贬值，而人民币汇率在今年8月中旬以前，对美元汇率一直基本保持稳定，这意味着人民币和美元基本是同步升值的，这就造成了我国出口的竞争力有所下降。

自去年5月以来，人民币实际有效汇率出现了较明显的升值走势，主要表现在人民币对美元以外主要货币的升值。人民币汇率的升值给我国货物贸易出口增长带来直接的压力。人民币实际有效汇率指数于2014年5月在113点附近见底，自2014年6月起开始了持续升值的走势，今年1月1日升值到124.97点，到8月6日底升值到最高点的131.99点，其后在8月11日开始，出现了一小波快速的贬值走势，目前人民币实际有效汇率稳定在126—127点附近（见图6）。

第二，国内生产要素成本持续上升造成出口企业综合成本上升。由于近年来我国国内劳动力成本持续上升、环境保护标准提高、资源价格的合理回归、国内融资难、融资贵的问题一直未得到根本扭转等因素，造成了我国出口企业综合成本的上升，这对我国出口增长形成一定的压力。从图7中的曲线走势可以看到，我国出口企业的综合成本指数不断上升，从去年年初的19.6上升到今年8月的28.4；出口经理人信心指数从去年年初的46.8下降到今年

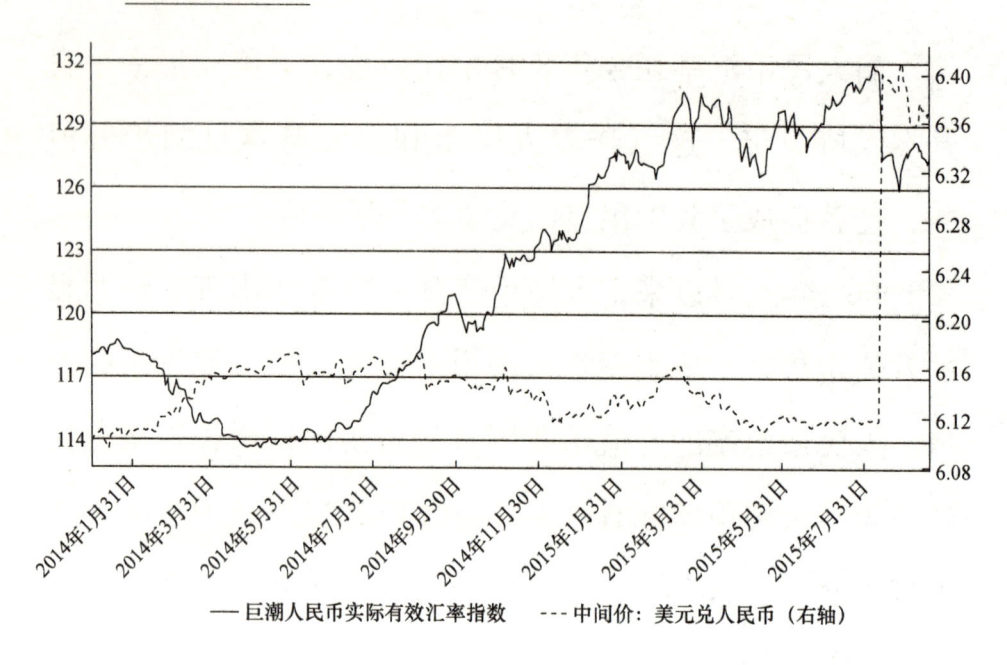

——巨潮人民币实际有效汇率指数　---中间价：美元兑人民币（右轴）

图6　人民币实际有效汇率指数走势和美元兑人民币汇率走势

8月的37.8；出口企业新增订单指数从去年年初的44.1下降到今年8月的33.3。这些数据都反映了我国外贸当前面临的严峻形势。

第三，国际市场需求低迷、部分国家和地区局势动荡。由于全球经济复苏缓慢，国际市场需求的低迷，造成今年以来全球主要经济体的出口都出现了不同程度的下跌态势，出口下滑并非中国一家。从WTO的统计数据看，上半年，美国出口增速为-5.2%，欧盟是-15.6%（1—5月），日本为-8.1%，韩国为-5.1%，中国香港为-2.8%，印度为-16%，南非为-6.4%，巴西为-14.7%。相比较

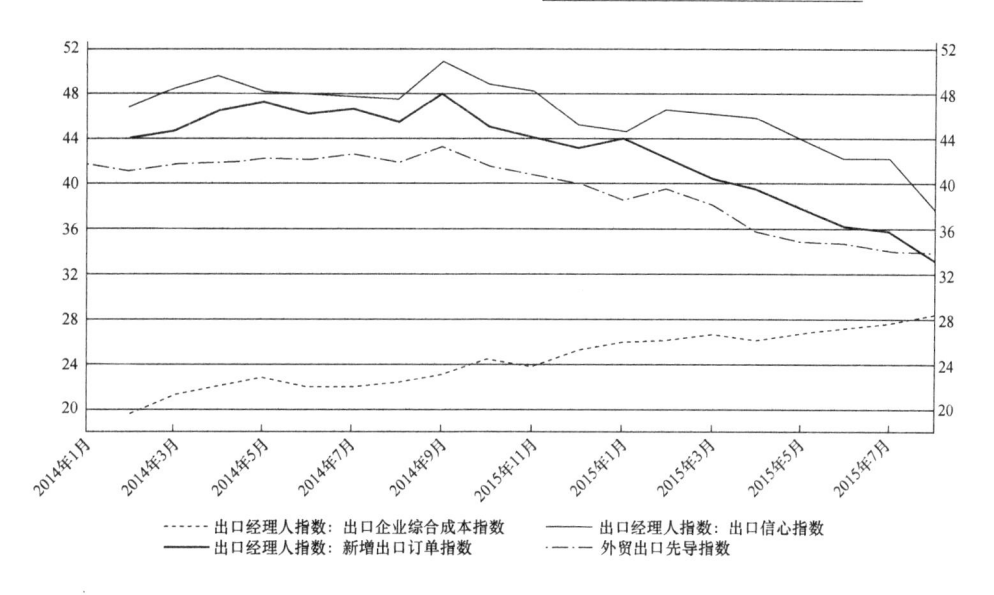

图7 我国出口企业综合成本指数和出口经理人信心指数

而言，无论是发达国家还是金砖国家，中国出口的形势还是相对较好的。

第四，产业和订单转移。部分出口企业出于降低人工成本、规避贸易壁垒等因素的考虑，将生产厂家转移到了东南亚、印度等国家，尤其是劳动密集型出口企业的产业转移趋势比较明显。

（二）进口方面

全球大宗商品价格持续大幅下跌，以及中国经济转型和增长放缓使进口需求走弱是中国进口额快速下跌的最重要原因。

自去年下半年以来，国际市场的大宗商品价格持续大幅下跌，拉低了中国进口额。根据中国商务部的数据，上半年中国进口商品平均价格下降10.9%，价格因素拉低进口增速10.3个百分点。从经济效益角度考虑，进口价格的下跌对国内企业和国内经济存在有利的一面。在同期出口平均价格与去年基本持平的情况下，这意味着我国对外贸易条件的改善。

就具体进口产品而言，今年上半年，原油、成品油、天然气、铁矿石、塑料原料、煤炭、天然橡胶、大豆、铜精矿、钢材、铜材、化肥、谷物、原木和纸浆这15类大宗商品累计进口2152亿美元，同比下降32%，拉低外贸进口12.6个百分点。

在中国进口总额大幅下滑的同时，一部分能源、资源产品的进口量却在增加，即呈现量增价跌的态势。如今年1—7月，原油、天然气、成品油、塑料原料、大豆、纸浆、谷物、铜精矿这8类大宗商品进口量都是增加的。1—7月这8类大宗商品进口的量增价跌，合计减少付外汇912.5多亿美元，大幅降低了国内企业生产成本，有助于提高企业经济效益。

四 2015年以来政府出台的稳定外贸增长的政策措施

今年以来，面对持续低迷的外贸进出口形势，国家相关政府管理部门积极应对，及时制定和出台了多项支持和促进外贸增长的政策措施。其中主要包括：

今年2月国务院颁布了《关于加快培育外贸竞争新优势的若干意见》，该意见提出，要推动外贸国际市场结构调整、外贸国内区域协调发展、推进各类外贸经营主体协调发展、外贸商品结构调整、贸易方式优化、大力发展服务贸易、加快提升出口产品技术含量、培育外贸品牌、提高出口产品质量、建立出口产品服务体系、培育新型贸易方式、建设对外贸易平台、全面提升与"一带一路"沿线国家经贸合作水平、加快实施自贸区战略、提高利用外资的质量和水平等政策措施，培育中国外贸竞争新优势。

7月，国务院办公厅发布了《关于促进进出口稳定增长的若干意见》，其中提出：坚决清理和规范进出口环节收费、保持人民币汇率在合理均衡水平上基本稳定、加大出口信用保险支持力度、加快推进外贸新型商业模式发展、扩大优惠利率进口信贷覆盖面、调整出台《鼓励进口技术和产品目录》、进一步提高贸易便利化水平、切实改善融资服务等措施，推动对外贸易平稳健康发展。

8月，国家商务部发布了加工企业原油非国有贸易进口资质条件和程序，拓宽了原油进口渠道，支持扩大原油进口和成品油出口规模。商务部修订了《鼓励进口技术和产品目录》，支持先进技术、关键设备和重要零部件进口。

9月初，中国向世界贸易组织递交了《贸易便利化协定》议定书的接受书，这标志着中国成为第16个接受议定书的成员。根据世界贸易组织规定，《贸易便利化协定》将在2/3以上的世界贸易组织成员接受后生效。《贸易便利化协定》的生效和实施将便利各国贸易，降低交易成本。中国作为全球第一货物贸易大国，在未来，该协定的生效和实施将有利于营造便利的通关环境，提振中国进出口企业的信心，促进中国的外贸发展。

五 2015年全年进出口形势展望

（一）当前中国外贸发展面临的国内外风险与机遇

从国际层面看，首先，世界经济增速放缓。世界经济增长的不确定、不稳定因素在增加，主要经济体需求相对疲软。去年9月，世贸组织曾经预测2015年全球贸易增长4%，今年4月世界贸易组织修正调降为3.3%，但是从各主要经济体已经公布的出口数据看，今年全球贸易额的增速很可能为负。其次，国际贸易摩擦的形势依然严峻。目前，中国仍是国际上贸易救济设限的首要目标国。今年上半年，中国共计遭遇14个国家（地区）发起的贸易救济调查37起，其中反倾销案件32起，反补贴案件4起，保障措施1起。五金、化工、轻工产业是贸易摩擦多发领域，高科技、高附加值出口产品遭遇设限呈增长态势。再次，主要货币汇率和大宗商品价格波动加剧。

从国内看，首先，中国外贸企业创新能力与发达国家企业相比，还有较明显的差距。我国大部分外贸企业在技术创新、标准制定和资源整合能力等方面与发达国家企业还有较大差距。其次，出口企业综合成本上升较快。受人口结构变化、节能减排和环保要求趋严等多种因素影响，我国劳动力、原材料、能源、土地、环境等要素面临成本上升和供应趋紧的双重压力。

从发展机遇方面看，首先，今年以来国务院、商务部等政府部门连续出台了多项支持中国进出口稳定发展的政策措施，从改善企业经营环境、加快推进改革、突出创新驱动等多个方面提出了新举措，有利于激发企业活力。其次，新的外贸增长点不断涌现。产业结构升级、城镇化和人民生活水平提高，将带动各类生产资料和生活资料进口增长。战略性新兴产业快速发展带动相关产品和技术的进出口。出口基地产业集聚功能增强，电子商务等新型贸易方式蓬勃发展，专业市场开展对外贸易，都将为外贸增长提供新的增长点。

（二）2015年全年进出口形势展望

纵向来看，与往年我国外贸增长情况相比，今年我国外贸增长形势很不乐观。但如果横向来看，我国与其他主要经济体相比，外贸增长情况仍属于较好的，今年上半年，印度出口下降16%，巴西出口下降14.7%，欧盟出口下降15.6%（1—5月）。

另外，我们还应看到，虽然中国进出口总额下降明显，但外贸发展质量今年以来却在持续提升：出口商品结构不断优化，机电产品和高新技术产品占比提升；贸易方式上，一般贸易所占比重上升，加工贸易所占比重下降；贸易主体方面，民营企业出口增长迅速，所占比重提升；

地区平衡方面，中西部地区出口份额所占比重提升等。这些变化反映出我国外贸正在逆境中前行。

预计2015年第四季度大宗商品国际市场价格仍将维持低位，受其影响并综合考虑国内外因素，中国的进口仍将低位运行。8月人民币对美元汇率出现较明显的贬值，这有助于全年进出口形势的改善。

商务部《对外贸易发展"十二五"规划》提出的外贸发展目标是：到2015年，进出口总额达到约4.8万亿美元，机电产品进出口总额达到2.5万亿美元左右。今年年初国家设定的外贸年度增长目标约6%，比2014年实际增速的3.46%（以美元计）提高了2.54个百分点。但从今年1—8月的进出口走势来看，中国外贸发展面临的国际、国内形势应该说比年初预计的更加复杂和严峻，全年进出口增长前景不容乐观。上述"十二五"规划目标和年初目标都难以实现，预计2015年全年进出口总额为3.8万亿—4.3万亿美元。

专题四
第三季度服务业形势分析与展望

夏杰长　王海成

一　服务业增长形势分析

上半年国内生产总值296868亿元，按可比价格计算，同比增长7.0%。分季度看，一季度同比增长7.0%，二季度增长7.0%。分产业看，第一产业增加值20255亿元，同比增长3.5%；第二产业增加值129648亿元，增长6.1%；第三产业增加值146965亿元，增长8.4%。

（一）生产走势分析

生产走势分析主要是从各行业增加值的角度分析服务

业增长。从图1、表1可以看出，2015年上半年，第一产业同比增长3.5%，第二产业增长6.1%，第三产业增长8.4%。第一产业和第二产业增速均低于GDP增速，第三产业增速高于GDP增速。可见GDP保持7.0%的增长主要是靠第三产业拉动的。2015年上半年，批发和零售业，交通运输、仓储和邮政业，住宿和餐饮业，房地产业同比分别增长6.1%、4.9%、5.4%和3.3%，均低于第三产业增速；金融业增长17.4%，其他服务业增长8.9%，高于第三产业增速。可见，第三产业保持8.4%的增长主要是靠金融业和其他服务业拉动的。

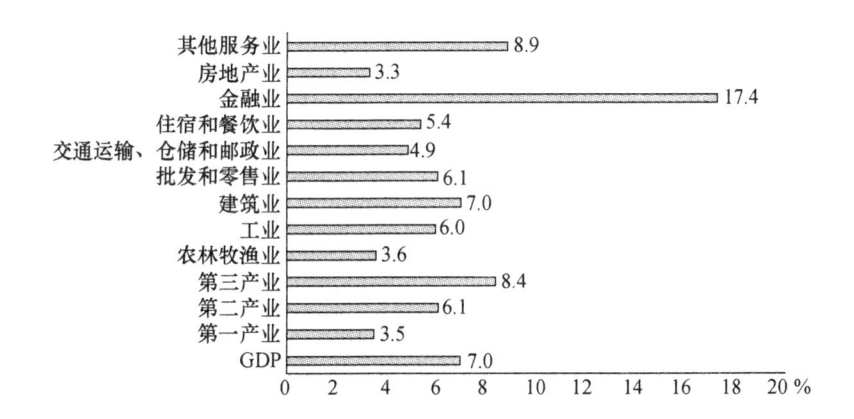

图1 2015年第1—2季度各行业增长速度

资料来源：Wind。

在第三产业中，与2014年同期相比，2015年上半年批发和零售业，交通运输、仓储和邮政业，住宿和餐饮业，其他服务业增速回落，只有金融业和房地产业增速是回升的。可见，第三产业增速的回升主要是金融业和房地产业拉动的结果。其中，金融业增速的回升主要是股票成交量大幅度上升拉动的。如上所述，2015年上半年股票成交量同比增长310%，而2014年同期下降0.4%。房地产业增速的回升，主要是商品房销售市场回暖的趋势。2015年上半年商品房销售面积同比增长3.9%，而2014年同期下降6.0%。

表1　2014第1季度至2015年第2季度经济增长率

单位：%

	批发和零售业	交通运输、仓储和邮政业	住宿和餐饮业	金融业	房地产业	其他服务业
2014年第1季度	10.00	6.50	6.00	8.30	3.10	8.10
2014年第2季度	9.70	7.30	6.50	7.50	2.60	8.60
2014年第3季度	9.30	6.70	6.20	8.80	1.70	8.80
2014年第4季度	9.00	7.50	6.30	14.20	1.90	8.90
2015年第1季度	6.10	5.40	5.70	15.70	1.30	8.80
2015年第2季度	5.90	4.10	5.80	19.20	4.50	8.70

资料来源：Wind资讯。

（二）需求走势分析

1. 固定资本形成总额增长情况

投资统计中的固定资产投资增速在很大程度上决定了

支出法GDP中的固定资本形成总额增速的走势。从表2中可以看出,自2014年开始,服务业各行业固定资产投资速度回落,其中金融业、住宿和餐饮业回落幅度最大;批发和零售业,交通运输、仓储和邮政业是当前拉动服务业固定资产投资的主要动力。

表2　　　　　　　　各行业固定资产投资同比增速

单位:%

指标名称	批发和零售业	交通运输、仓储和邮政业	住宿和餐饮业	金融业	房地产业
2014年2月	34.65	21.13	17.04	31.96	19.11
2014年3月	33.20	20.40	16.10	25.00	16.30
2014年4月	30.90	19.80	12.10	21.30	15.40
2014年5月	29.40	21.90	10.30	25.50	14.20
2014年6月	27.70	22.80	8.90	14.90	14.10
2014年7月	27.70	21.40	6.70	12.50	14.00
2014年8月	26.70	20.40	4.90	6.30	13.40
2014年9月	25.10	19.40	3.40	3.30	12.60
2014年10月	25.00	19.80	3.00	6.10	12.40
2014年11月	24.00	18.50	4.00	6.40	12.20
2014年12月	25.70	18.60	4.20	10.50	11.10
2015年2月	22.40	21.30	-3.40	-8.10	11.30
2015年3月	20.40	23.90	-5.00	-3.40	9.00
2015年4月	20.10	21.30	-4.90	0.30	7.10
2015年5月	20.20	21.20	-3.70	0.60	6.10
2015年6月	18.90	20.90	-2.60	4.80	5.70
2015年7月	19.00	19.80	0.00	-0.60	5.30

资料来源:Wind资讯。

2. 生产存货增加增长情况

2012年四季度以来,在销售放缓、利润下滑的压力下,服务业企业调整存货水平,产成品存货增速明显回落(见图2)。但上半年回落的幅度比一季度明显收窄。受此影响,2015年第三季度存货增加大幅度下降,但降幅比一季度明显收窄。

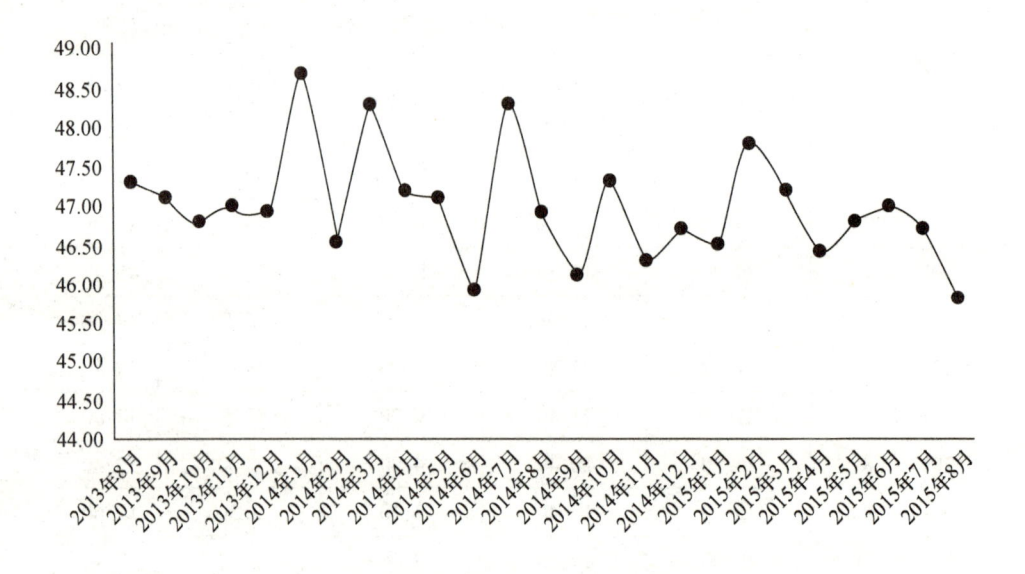

图2 中国非制造业PMI:存货

资料来源:Wind资讯。

3. 市场需求状况

2015年8月服务业新订单指数为49%。20个行业中,生态保护环境治理及公共设施管理业、航空运输业、住宿业和土木工程建筑业等11个行业高于50%;铁路运输业、房地产业、道路运输业和装卸搬运及仓储业等9个行业低于50%。2015年8月，新出口订单指数为46.6%，比上月上升0.4个百分点。分行业来看，建筑业新出口订单指数为42.2%；服务业新出口订单指数为47.4%。20个行业中，铁路运输业、航空运输业、生态保护环境治理及公共设施管理业和水上运输业等7个行业高于50%；建筑安装装饰及其他建筑业、土木工程建筑业、住宿业和道路运输业等13个行业低于50%（见图3）。

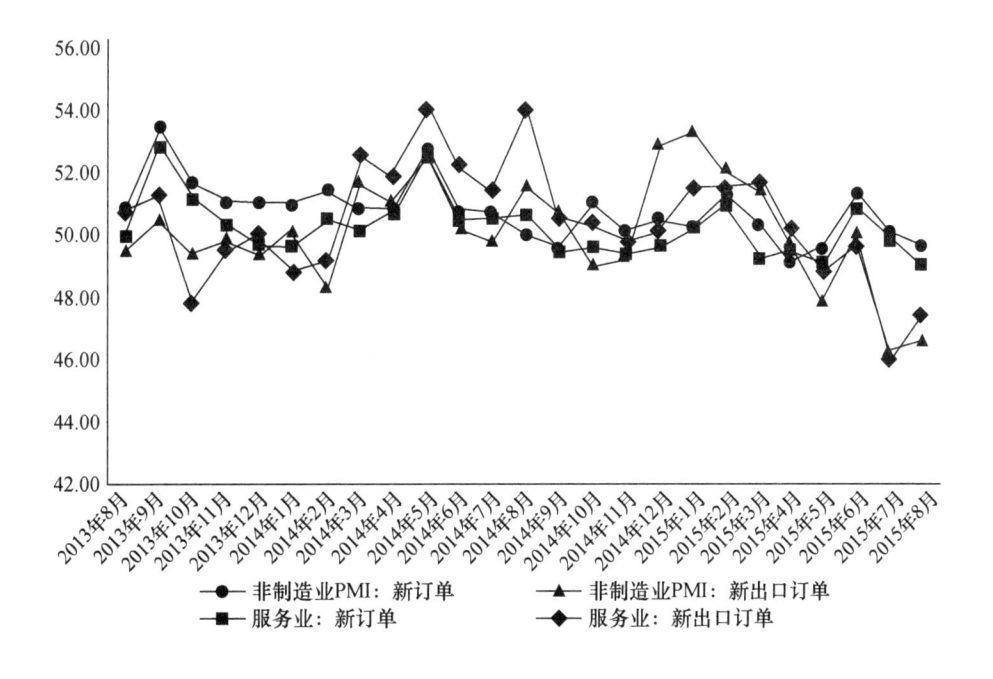

图3 中国非制造业商务活动指数：新订单与新出口订单（2013年8月—2015年8月）

资料来源：Wind资讯。

4. 服务外包状况

据统计，2015年1—8月，我国企业签订服务外包合同金额716.5亿美元，执行金额535.8亿美元，分别同比增长6.6%和12%。其中离岸服务外包合同金额455.8亿美元，执行金额356.8亿美元，分别同比增长2.3%和10.3%；在岸服务外包合同金额226.9亿美元，执行金额154.8亿美元，分别同比增长14.9%和15.7%（见表3）。

表3　　　　　　　　中国服务外贸金额

指标名称	签订合同金额：累计值（亿美元）	签订合同金额：累计同比（%）	执行金额：累计值（亿美元）	执行金额：累计同比（%）
2014年2月	158.10	75.50	104.30	51.30
2014年3月	245.70	55.90	164.70	40.60
2014年4月	337.80	69.00	164.70	46.00
2014年5月	400.00	43.50	272.70	37.10
2014年6月	522.10	35.30	372.00	36.20
2014年7月	596.50	34.40	426.20	33.90
2014年8月	672.40	31.80	478.30	31.50
2014年9月	733.90	26.30	545.20	32.00
2014年10月	818.40	26.30	611.80	33.40
2014年11月	918.40	10.50	689.50	29.20
2014年12月	1072.10	12.20	813.40	27.40
2015年1月	92.60	3.30	68.40	10.60
2015年3月	270.30	10.00	185.50	12.60
2015年4月	345.00	2.10	246.00	12.00
2015年5月	425.00	6.30	310.80	14.00
2015年6月	547.90	4.90	408.00	9.70

续表

指标名称	签订合同金额：累计值（亿美元）	签订合同金额：累计同比（%）	执行金额：累计值（亿美元）	执行金额：累计同比（%）
2015年7月	638.20	7.00	478.60	12.30
2015年8月	716.50	6.60	535.80	12.00

资料来源：Wind资讯。

综上所述，从需求角度看，2015年前三季度我国服务业需求项目实际增长表现出以下特点：与2014年同期相比，2015年前8个月固定资本形成总额增速回落；产成品存货增速明显回落；市场需求趋势减弱，服务外包同比增速下降。

二 服务业价格形势分析

本部分从居民消费价格、投入品价格指数和销售价格指数角度分析2015年1—8月通货膨胀形势。

1. 居民消费价格

2015年8月，全国居民消费价格总水平同比上涨2.0%。其中，城市上涨2.0%，农村上涨1.8%；食品价格上涨3.7%，非食品价格上涨1.1%；消费品价格上涨1.8%，服务价格上涨2.2%。1—8月平均，全国居民消费价格总水平比去年同期上涨1.4%（见表4）。

表4 中国居民消费价格主要数据

	8月		1—8月
	环比涨跌幅（%）	同比涨跌幅（%）	涨跌幅（%）
居民消费价格	0.5	2.0	1.4
其中：城市	0.4	2.0	1.5
农村	0.6	1.8	1.2
其中：食品	1.6	3.7	2.3
非食品	-0.1	1.1	1.0
其中：消费品	0.7	1.8	1.2
服务	0.1	2.2	2.0

分月度看，2015年1—8月，居民消费价格同比分别上涨1.35%、2.22%、1.99%、2.08%、2.11%、2.18%、2.18%和2.20%，从图4可以看出，进入2015年以来，服

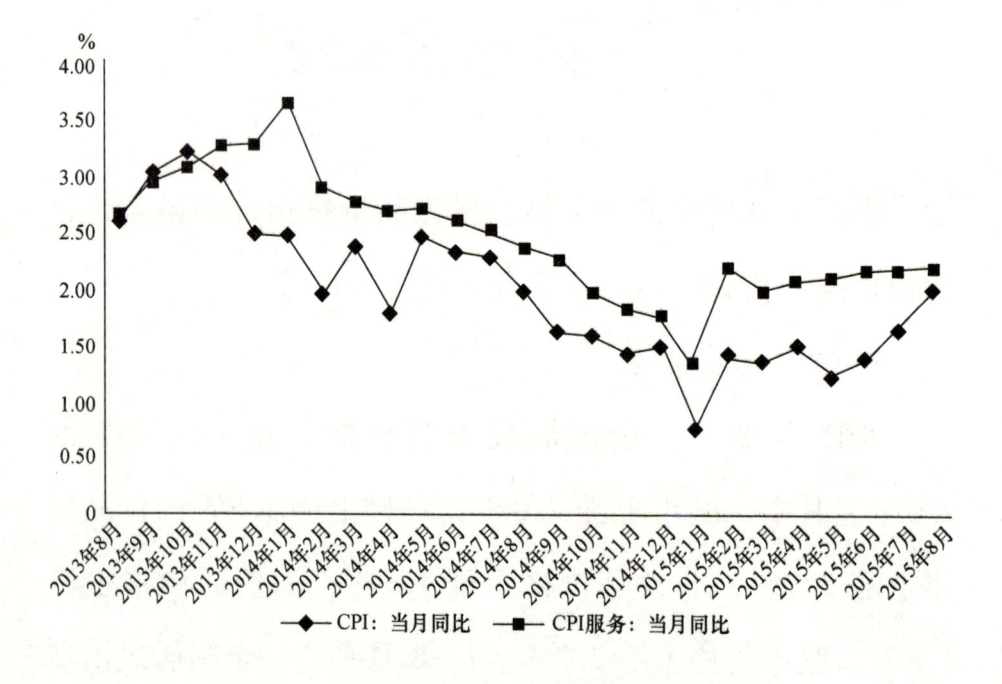

图4 中国服务业居民消费价格指数上涨率

资料来源：Wind资讯。

务消费价格指数总体上呈现出上升走势，但变化幅度不大，较为稳定。

分服务类型看，我们计算了2015年8月36个大中城市居民服务价格同比增长的前十名服务类型，可以看出服务价格上涨较快的服务行业主要集中于医疗和教育两个方面（见图5）。

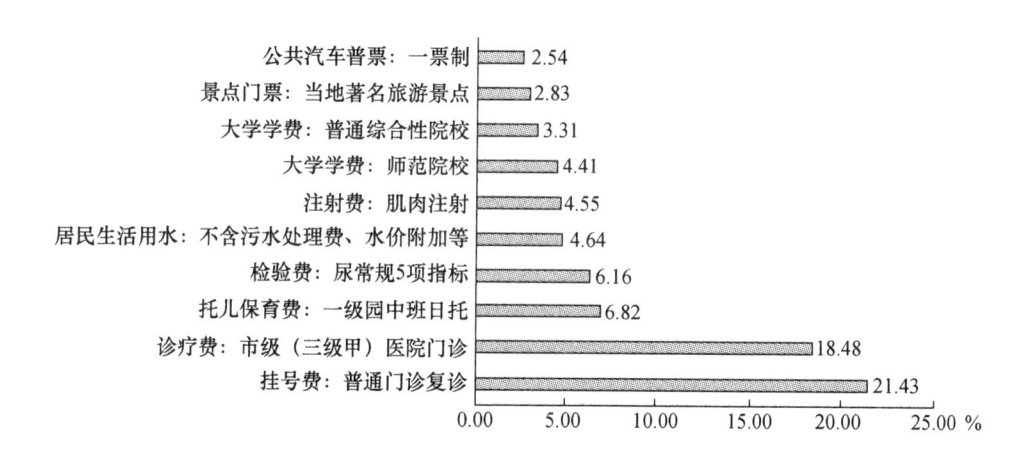

服务类型	上涨率(%)
公共汽车普票：一票制	2.54
景点门票：当地著名旅游景点	2.83
大学学费：普通综合性院校	3.31
大学学费：师范院校	4.41
注射费：肌肉注射	4.55
居民生活用水：不含污水处理费、水价附加等	4.64
检验费：尿常规5项指标	6.16
托儿保育费：一级园中班日托	6.82
诊疗费：市级（三级甲）医院门诊	18.48
挂号费：普通门诊复诊	21.43

图5　2015年8月36个大中城市居民服务价格上涨率

资料来源：Wind资讯。

2. 投入品价格指数和销售价格指数

8月投入品价格指数和销售价格指数结束连续两个月的回落走势，均出现回升态势。价格指数的回稳，特别是销售价格的回稳，有利于带动企业投资和经营的积极性。当然，当前价格指数水平回升幅度仍显偏弱，仍需通过有效的政策扶持和市场环境的培育，释放更多的市场需求，继续推进价格的回升。

本季度投入品价格指数与销售价格指数背离幅度有所扩大，表明价格传导机制受阻的状况没有得到改善、市场需求疲软、价格传导机制不畅，需继续引导。其中，2015年8月，投入品价格指数为49.6%，环比上升0.7个百分点。销售价格指数为47.8%，比上月回升0.4个百分点，继续位于临界点以下（见图6）。

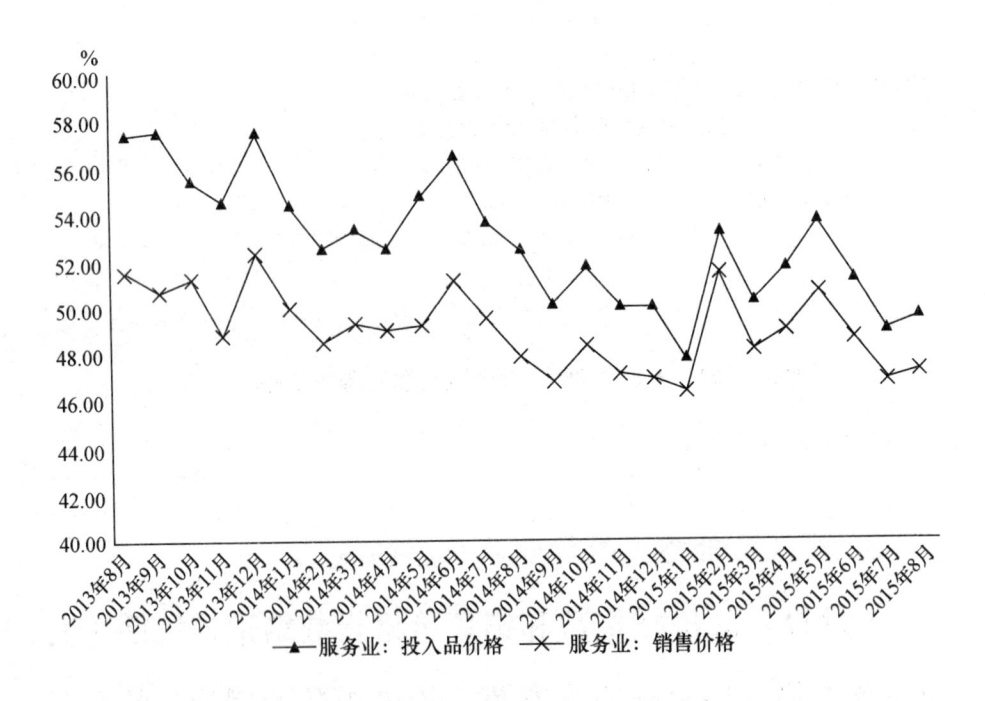

图6 中国非制造业商务活动指数：投入品价格与销售价格（2013年8月—2015年8月）

资料来源：Wind资讯。

三 2015 年服务业发展展望

(一) 面临的机遇

1. 盘活存量资金, 延续积极的财政政策

1—8月累计, 全国一般公共预算支出102864亿元, 比上年同期增长14.8%, 同口径增长13.5%, 完成预算的60%, 比去年同期进度加快1.4个百分点。其中, 中央本级一般公共预算支出16560亿元, 增长18.2%, 同口径增长17.9%, 完成预算的66.2%, 比去年同期进度加快4个百分点; 地方一般公共预算支出86304亿元, 增长14.2%, 同口径增长12.7%, 完成代编预算的59.1%, 比去年同期进度加快1个百分点。

在财政收入增长放缓的情况下, 各级财政部门采取了一系列更加积极的政策措施, 大力推进财政资金统筹使用, 强化预算执行管理, 民生等重点支出得到较好的保障。1—8月累计, 教育支出14782亿元, 增长15.8%; 文化体育与传媒支出1443亿元, 增长8.3%; 医疗卫生与计划生育支出7335亿元, 增长19.5%; 社会保障和就业支

出 12934 亿元，增长 21.7%；城乡社区支出 9492 亿元，增长 18.6%；农林水支出 9033 亿元，增长 16.7%；节能环保支出 2165 亿元，增长 22.7%；交通运输支出 7604 亿元，增长 21.8%。

2015 年作为"十二五"收官之年，稳增长的意义非常重大，由于目前经济下行压力依然较大，货币政策对实体经济的传导机制不畅，相比之下，财政政策对短期经济增长的拉动作用更为直接，管理层对财政政策的依赖性有所增强。预计 9 月财政支出仍将保持快速增长。

2. 货币政策普惠宽松，力度加大

8 月社会融资总量 1.08 万亿元，分别比上月和去年同期多 3404 亿元和 1276 亿元；8 月末 M2 同比增长 13.3%；当月人民币贷款新增 8096 亿元，同比多增 490 亿元。总体判断——信贷如期回落，宽松周期继续。2015 年以来，中国的货币政策进入了降息降准周期。4 次降息后，1 年期定期存款利率从 2.5% 降至 1.75%。同时，还有 3 次全面降准叠加 4 次定向降准，以大型存款类金融机构为例，存准率从 19.5% 降至 18.0%。在人民币汇率双向波动幅度加大的情况下央行依然双降，表明应对经济下行是当前货币政策的重中之重，这是我们判断货币政策会维持宽松的前提。

2015年第二季度中国人民银行开展的全国银行家问卷调查结果显示，货币政策感受指数（选择货币政策"适度"的银行家占比）为64.2%，较上季度下降10.6个百分点；认为"偏松"的银行家比例为31%，较上季度提高16.8个百分点。对下季度，45.8%的银行家预期"趋松"，51.8%的银行家预期"适度"。

3. 房地产行业开始转暖，市场销售稳中有升

1—8月，商品房销售面积69675万平方米，同比增长7.2%，增速比1—7月提高1.1个百分点。其中，住宅销售面积增长8.0%，办公楼销售面积增长8.5%，商业营业用房销售面积增长1.2%。商品房销售额48042亿元，增长15.3%，增速提高1.9个百分点。其中，住宅销售额增长18.7%，办公楼销售额增长12.9%，商业营业用房销售额下降2.5%。

1—8月，东部地区商品房销售面积33560万平方米，同比增长10.1%，增速比1—7月提高1.5个百分点；销售额29487亿元，增长22.2%，增速提高2.6个百分点。中部地区商品房销售面积18140万平方米，增长4.2%，增速提高0.9个百分点；销售额9353亿元，增长7.4%，

增速提高 1.6 个百分点。西部地区商品房销售面积 17975 万平方米，增长 5.2%，增速提高 0.8 个百分点；销售额 9202 亿元，增长 4.3%，增速提高 0.5 个百分点。

8 月末，商品房待售面积 66324 万平方米，比 7 月末增加 65 万平方米。其中，住宅待售面积减少 194 万平方米，办公楼待售面积减少 7 万平方米，商业营业用房待售面积增加 157 万平方米。

（二）面临的挑战

1. 外部需求不振，人民币汇率贬值效应短期难以显现

8 月，我国对外贸易同比下滑 9.1%，跌幅较上月扩大 0.9 个百分点，外贸为连续 6 个月负增长。出口同比下滑 5.5%，跌幅较上月收窄 2.8 个百分点，主要是去年同期基数效应回落所致；但出口持续负增长显示外需依旧疲弱，发达经济体的复苏呈现分化，而新兴经济体则普遍低迷，加上全球的去贸易化程度逐渐加深，外需难以支撑出口高增长。此外，8 月中旬由央行汇改导致人民币对美元汇率大幅贬值，但贬值对于出口的拉动作用尚未显现，也是出口依旧低迷的原因之一。在美联储加息预期的扰动下，全球资本市场 8 月经历了剧烈动荡，如上文所述，无

论是从发达经济体复苏的分化、新兴经济体的低迷还是从全球去贸易化的角度来看，出口都很难再维持高速增长；另外，人民币对美元汇率的贬值将一定程度上推动出口增速的缓慢回升，但已有的研究对我国本币贬值的"J曲线效应"实证结果不一，时滞效应从6个月到数年不等。

2. 部分行业出现企业慎贷、银行惜贷现象

8月社会融资1.08万亿元，高于上月和去年同期。其中新增人民币贷款7756亿元，同比环比均多增，显示实体融资需求或有改善，但规模仍处年内较低水平。委托贷款和信托贷款改善不明显，新增未贴现银行承兑汇票继续减少，对应金融机构新增贷款中票据融资近期持续高增长，反映企业票据贴现需求较高。企业债券融资规模进一步提升，而股票融资规模下降，对应目前股市疲弱，融资需求将向债市和非标转移。记入地方政府债券发行的广义社会融资余额增速继续回升，但幅度依然平缓，利好四季度经济企稳，但带动作用可能不强。

金融机构新增贷款较上月明显少增，主要源于对非银金融机构的贷款减少546亿元，环比上月少增9400亿元，对应证金公司将部分股票转让给汇金后可能偿还了部分贷款，鉴于证金公司的自身定位，预计这种变相退出的过程

还会继续，因此对非银金融机构的贷款规模后续有望逐步减少。企业部门的贷款增长主要为票据融资，中长期贷款增长维持处于较低水平，说明企业投资需求不旺。根据人民银行《2015年第二季度银行家问卷调查报告》，贷款总体需求指数为60.4%，较上季度下降8.4个百分点。分行业看，制造业贷款需求指数和非制造业贷款需求指数分别为53.1%和56.3%，较上季度分别下降6.1个和3.8个百分点；分规模看，大、中、小微型企业贷款需求指数分别为53%、55.7%和62.1%，较上季度分别下降3.6个、6.1个和7.6个百分点。

（三）基本结论：在希望与挑战中前行

我国服务业已经占据国民经济"半壁江山"，在工业化、城镇化、信息化、农业现代化等推动下，还将迈上更高的台阶，服务业增加值占GDP比重有望站稳49%，服务业劳动就业占全部劳动就业比重可能达到41.5%，服务贸易规模将达到6500亿美元。在"十二五"收官之年超额完成其预期目标是完全可能的。但是，我们也要看到服务业前行中面临的艰巨挑战，比如，服务贸易逆差巨大问题、服务业生产率不高问题、产业融合力度还不紧密问题、部分服务产业产能过剩问题、服务业从业人员总体素质不高问题、服务业开放安全问题、服务业重点难点领域改革推进缓慢问题等，都是我国服务业发展中艰难的挑战，应密切关注，并在改革开放中逐渐化解这些挑战，促进我国服务业快速高效发展。

专题五
第三季度物价形势分析与展望

张群群　王振霞　皮亚彬

一　2015年第三季度物价走势的基本特征

国家统计局数据显示,2015年1—8月,全国居民消费价格总水平(CPI)比去年同期上涨1.4%(见图1)。其中,7月,CPI同比上涨1.6%,城市上涨1.7%,农村上涨1.5%;食品价格上涨2.7%,非食品价格上涨1.1%;消费品价格上涨1.4%,服务价格上涨2.2%。8月,CPI同比上涨2.0%,城市上涨2.0%,农村上涨1.8%;食品价格上涨3.7%,非食品价格上涨1.1%;消费品价格上涨1.8%，服务价格上涨2.2%。

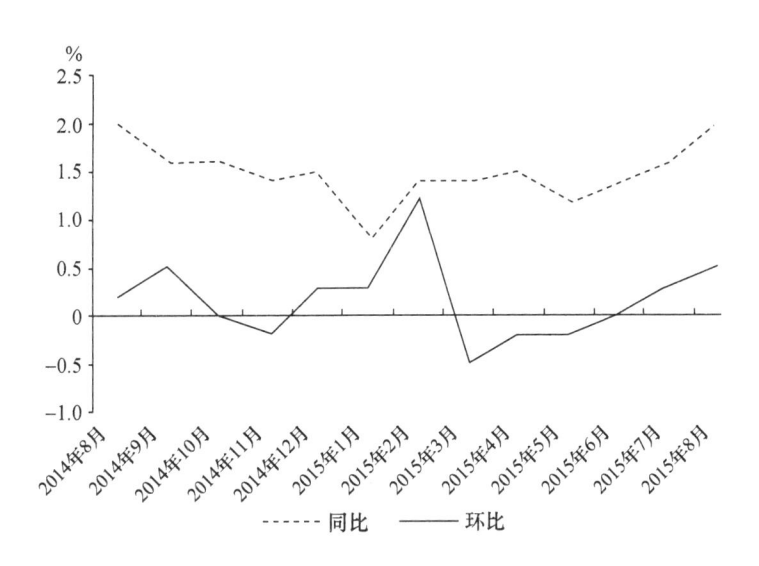

图1　2014年8月至2015年8月CPI同比、环比数据走势

资料来源：国家统计局网站。

与上半年价格总水平持续低位运行相比，第三季度CPI同比走势呈现三个重要特点：一是食品价格涨幅居高不下，带动CPI明显上涨；二是部分服务类商品价格持续上涨，因其权重不高，对CPI推动作用有限，但是确实增加了居民消费支出负担；三是翘尾因素逐渐减弱，新涨价因素不断加强。在8月2.0%的CPI同比涨幅中，去年价格上涨的翘尾因素约为0.7个百分点，新涨价因素约为

1.3个百分点。

从环比涨幅看，7月CPI环比上涨0.3%；8月CPI环比上涨0.5%。本文计算了经季节调整的CPI环比数据及其年化率数据，发现与以往平均水平相比，7—8月环比数据走势基本符合往年规律，价格上涨幅度略高于往年平均水平（见表1）。

表1　经季节调整的CPI月度环比数据及其年化率

	2001—2013年平均	年化率	2015年环比	年化率
1月	1.02%	12.89%	0.3%	3.66%
2月	0.87%	10.94%	1.2%	15.39%
3月	-0.54%	-6.27%	-0.5%	-5.84%
4月	0.02%	0.18%	-0.2%	-2.37%
5月	-0.25%	-3.00%	-0.2%	-2.37%
6月	-0.35%	-4.08%	0%	0.00%
7月	0.09%	1.11%	0.3%	3.66%
8月	0.46%	5.68%	0.5%	6.17%
9月	0.64%	7.94%		
10月	0.20%	2.43%		
11月	0.12%	1.39%		
12月	0.51%	6.27%		

资料来源：根据国家统计局公布数据计算而成。

二 猪肉、鲜菜价格大幅上涨是拉动 CPI 走高的重要原因

鲜菜、肉禽类等食品价格快速上涨是推高第三季度 CPI 的重要原因。7 月,食品价格同比上涨 2.7%,影响 CPI 上涨约 0.91 个百分点。8 月,食品价格同比上涨 3.7%,涨幅比上月扩大 1.0 个百分点,其中猪肉、鲜菜价格同比分别上涨 19.6% 和 15.9%,合计影响 CPI 上涨 1.05 个百分点。

表2　2015 年 7—8 月主要食品价格波动幅度以及对 CPI 的影响

2015 年 7 月			2015 年 8 月		
食品	上涨幅度	影响 CPI	食品	上涨幅度	影响 CPI
鲜菜	10.5%	0.30 个百分点	鲜菜	15.9%	0.46 个百分点
肉禽及其制品	7.6%	0.56 个百分点	肉禽及其制品	9.3%	0.69 个百分点
			水产品	2.4%	0.06 个百分点

资料来源:根据国家统计局公布数据计算而成。

需要特别关注的是猪肉价格恢复性上涨,将成为影响 CPI 未来走势的重要因素。从 2015 年 3 月开始,全国猪肉

价格持续上涨,第三季度呈现加速回升态势。3月猪肉价格上涨2.0%;4月猪肉价格上涨8.3%;5月猪肉价格上涨2.7%;6月猪肉价格上涨7%;到7月,猪肉价格超预期地上涨16.7%,对CPI指数的影响从6月的0.20个百分点扩大到0.48个百分点;8月猪肉价格上涨19.6%,影响CPI上涨达0.59个百分点。

这轮猪肉价格上涨带有明显的恢复性上涨特点。2014年以来养猪成本有所上升,但是猪肉价格持续低迷,养殖户亏损严重,导致存栏率不断下降。天气逐渐转凉后猪肉消费进入旺季,由于前期供给减少,以及去年猪肉价格基数较低,导致近期猪肉价格大幅上涨。但是,猪肉价格并不具备持续上涨的基础。一方面,鸡肉、牛羊肉等猪肉替代商品价格并未出现大幅上涨,说明肉禽类商品供求不平衡问题并不严重;另一方面,随着国家大力扶持养猪业政策的出台以及近期猪肉价格大涨,养殖户收益明显增加,将带动生猪存栏率的提高。农业部发布的信息显示,随着猪价上涨,猪粮比价于6月第3周达到6:1以上,生猪养殖结束了近1年半的连续亏损局面。目前猪粮比价为6.93:1,出栏一头商品肥猪可盈利250元左右,处于正常盈利区间。9月上旬,商务部重点监测的全国36个大中城市猪肉价格比前一周下降0.2%，其中，福州、天津、哈尔滨猪肉价格分别下降4.6%、4.6%和3.1%（见表3）。随着9—10月中秋、国庆等节假日到来，猪肉价格上升趋势或将持续至第4季度，但持续大幅上涨可能性并不大。

表3　全国50个城市主要食品平均价格变动情况

	8月21—30日		9月1—10日	
	本期价格（元）	涨跌幅（%）	本期价格（元）	涨跌幅（%）
猪肉（千克）	30.05	0.2	30.08	0.1
牛肉（千克）	67.13	0.1	67.15	0
羊肉（千克）	62.2	-0.2	61.97	-0.4
鸡蛋（千克）	10.95	5.6	11.02	0.6
油菜（千克）	6.35	5.5	6.27	-1.3
黄瓜（千克）	5.29	-4	4.95	-6.4
西红柿（千克）	6.24	8	6.46	3.5
豆角（千克）	8.57	3.1	8.66	1.1

资料来源：根据国家统计局公布数据整理而成。

鲜菜价格大幅上涨也是第3季度CPI上涨较快的主要原因之一。由于季节因素，以及南方蔬菜种植地遭遇极端天气影响，7—8月油菜、生菜以及西红柿等主要鲜菜价格出现上涨。进入9月以来，主要鲜菜价格涨幅回落，黄瓜、土豆等价格明显下降，有助于食品价格涨幅稳定。值得关注的是,前期价格持续下降的鸡蛋价格开始出现明显上涨,8月蛋价环比上涨10.2%,或将影响未来食品价格走势。总体来看,各类食品价格此消彼长,近期成为影响CPI的重要因素,但未来食品价格持续、大幅推高CPI的可能性较低。

三 非食品价格走势平稳,部分服务价格持续走高

与食品价格相比,非食品价格涨幅不高。2015年7月,非食品价格同比上涨1.1%,环比上涨0.1%;8月,非食品价格同比上涨1.1%,环比下降0.1%。其中,受国内外石油等能源市场价格持续走低的影响,国内交通和通信价格下降0.6%。衣着和娱乐教育文化用品及服务价格分别下降0.2%和0.1%。据此,有分析认为,七大类非食品价格持续走低,也说明消费品领域依然存在通货紧缩压力,后续应继续加大宽松政策实施力度,鼓励国内消费增长。

值得指出的是,部分服务产品价格持续上涨确实增加了居民消费支出的压力。据统计,进入2015年以来,医疗教育等服务价格持续上升,且涨幅较高。7月,挂号诊

疗费、家庭服务和学前教育等价格同比涨幅较高,分别为12.2%、7.7%和5.6%。受暑假出行人数增长较快的影响,7月,飞机票和旅游价格环比分别上涨11.5%和4.3%,合计影响CPI环比上涨约0.10个百分点。8月,家庭服务、烟草、学前教育、公共汽车票和理发等价格涨幅仍然较高,分别为7.4%、6.8%、5.6%、5.3%和5.2%。自2015年5月国内烟草消费税调整以后,烟草及制品价格持续上涨,1—8月平均烟草价格同比上涨3.0%。

此外,部分城市房地产市场回暖,带动居住类价格稳步上涨。据统计,2015年8月,全国房租价格上涨3%。

四 PPI降幅扩大,工业领域通缩压力加剧

2015年7月,全国工业生产者出厂价格(PPI)环比下降0.7%,同比下降5.4%。工业生产者购进价格环比下降0.6%,同比下降6.1%。8月,PPI环比下降0.8%,同比下降5.9%,为2009年10月以来最大跌幅。工业生产者购进价格环比下降0.7%,同比下降6.6%(见图2)。9大类行业购进价格同比全部下跌,黑色金属材料类、

燃料动力类、有色金属材料及电线类同比价格跌幅分别为12.4%、11.8%、9.4%。1—8月平均，工业生产者出厂价格同比下降4.9%，工业生产者购进价格同比下降5.7%。工业生产者价格指数连续42个月负增长，表明工业制造业领域通缩压力持续增加。不过，8月至9月上旬，主要生产资料市场的涨价面有所扩大，降价面有所缩小。流通领域9大类50种主要生产资料市场价格监测数据显示，从8月上旬到9月上旬，价格上涨的生产资料由11种增加到17种，价格下降的生产资料由32种减少到25种。

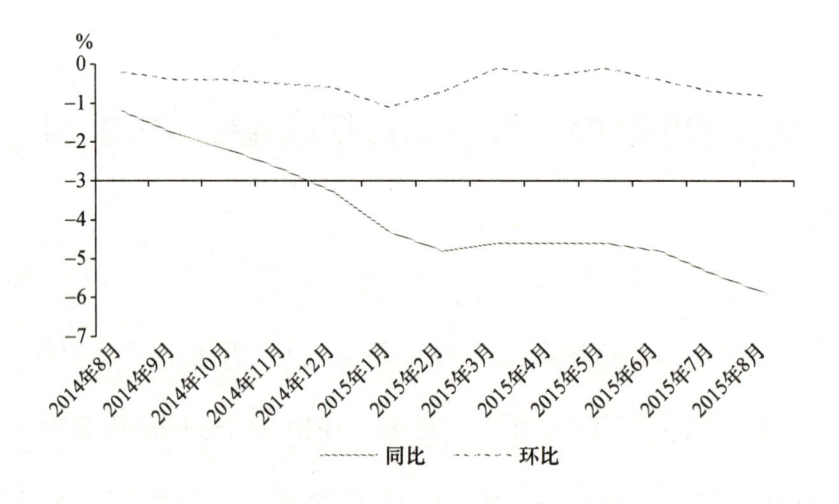

图2　2014年8月至2015年8月PPI同比、环比数据走势

资料来源：国家统计局网站。

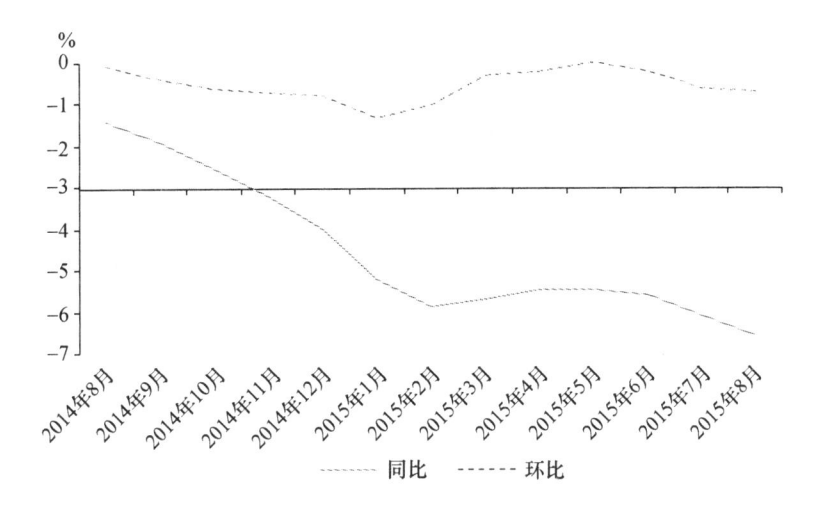

图3　2014年8月至2015年8月工业生产者购进价格同比、环比数据走势

资料来源：国家统计局网站。

8月，制造业PMI为49.7%，比上月下降0.3个百分点，降至临界点以下。分企业规模看，大型企业PMI为49.9%，比上月下降0.7个百分点，年内首次落至临界点下方；中型企业PMI为49.8%，比上月下降0.2个百分点，低于临界点；小型企业PMI为48.1%，比上月回升1.2个百分点，但仍位于收缩区间。此外，新订单指数和新出口订单指数分别为49.7%和47.7%，均比上月下降0.2个百分点，仍位于临界点以下。这表明制造业面临全行业经营困境，应引起重视。

工业生产者价格指数持续走低的主要原因有三个方

面：一是受生态环保治理影响，部分高耗能、高污染产业收缩。如下半年以来，京津冀等地加大治理大气污染力度，主动放慢生产，制造业PMI明显低于全国总体水平。二是传统产业去产能过剩尚未完成，经营压力不断增加。8月高耗能行业PMI为48.1%，比上月下降1.2个百分点，为2015年以来的低点。三是受国际大宗商品价格低迷以及国际市场疲软影响，资源能源价格持续走低。2015年8月，石油和天然气开采、石油加工、黑色金属冶炼和压延加工、煤炭开采和洗选出厂价格同比分别下降37.9%、24.3%、18.8%和15.6%，是PPI组成中跌幅最大的行业。

五 煤炭等资源能源行业经营困境加剧

在PPI组成中，价格下降幅度最为明显的是以石油和天然气开采、石油加工、黑色金属冶炼和压延加工、煤炭开采和洗选出厂为代表的资源能源行业。这一方面表明国家治理环境污染的决心和成效；另一方面也说明经济结构调整、去库存化压力依然较大。在资源能源行业中，煤炭行业经营困境最为严重。

表4　　　　　　　　2015年第三季度全国煤炭价格指数

	2015年8月28日	上周	比上周	比去年
分种类					
全国煤炭综合价格指数	129.7	129.9	-0.15%	-19.80%
全国焦肥精煤价格指数	128.8	128.9	-0.08%	-27.35%
全国配焦精煤价格指数	133.9	134.2	-0.22%	-12.27%
全国喷吹煤价格指数	135.1	135.1	0.00%	-14.49%
全国无烟块煤价格指数	153.4	153.4	0.00%	-14.49%
全国褐煤价格指数	91.5	91.5	0.00%	-25.00%
分地区					
三西地区指数	113.0	113.1	-0.09%	-30.46%
华北地区指数	127.2	127.4	-0.16%	-21.48%
东北地区指数	151.9	151.9	0.00%	-16.49%
华东地区指数	137.5	138	-0.36%	-16.46%
华中地区指数	139.7	139.7	0.00%	-15.89%
华南地区指数	136.5	136.5	0.00%	-13.17%
西南地区指数	141.3	141.4	-0.07%	-12.13%
西北地区指数	177.8	177.8	0.00%	-13.98%
港口指数					
全国主要港口价格指数	112.1	112.4	-0.27%	-27.82%
备份港口价格指数	97.8	97.8	0.00%	-34.23%
中南部港口价格指数	142.0	142.9	-0.63%	-16.03%

资料来源：中国煤炭价格指数CCPI。

2015年上半年，全国规模以上煤炭企业利润只有2012年同期的10.5%，企业亏损面达70%以上。从大型煤炭公司情况看，2015年上半年，31家上市煤炭企业中，有14家处于亏损状态，亏损面为44%。从全国煤炭价格分类指数看，煤炭行业处于全行业、全产业链以及全国范围经营亏损。不仅煤炭行业，金属冶炼行业、钢铁行业等传统产能过剩行业也面临长期价格低迷、经营困难的局面，应引起重视。

六 国际大宗商品价格低位震荡

进入7月以来，国际主要大宗商品"集体跌价"。2015年7月6日，WTI原油8月期货单日暴跌7.7%，伦敦洲际交易所布伦特原油8月期货下跌6.3%。8月3日，WTI原油9月主力原油合约跌1.95美元，跌幅达4.1%，创2015年3月19日以来的最低收盘价位。

8月以来，国际大宗商品CRB指数累计有所上涨，铁矿石、铜等大宗商品明显走强，原油价格也出现一定程度上升。但是，由于美元升值压力、中国经济增速放缓带来的国际市场需求不足等原因，国际大宗商品价格短期内难以快速反弹，并将通过输入性因素影响国内工业领域价格水平。有机构预测，以原油为代表的国际大宗商品价格将遭遇长期"寒冬"。国际原油价格将下降至20美元/桶，且这轮下降将持续10—20年。本文认为，虽然国际大宗商品价格处于低位震荡，但是中国、美国等主要国家经济基本面向好，全球供求基本平衡，国际大宗商品不具备大幅下跌的基础。这轮价格波动除供需结构影响之外，还与页岩油气超额供给、美元升值和加息预期逐渐加强，以及局部地区地缘政治因素等有关。短期内，国际大宗商品或将继续维持低位，不排除未来企稳回升的可能性。

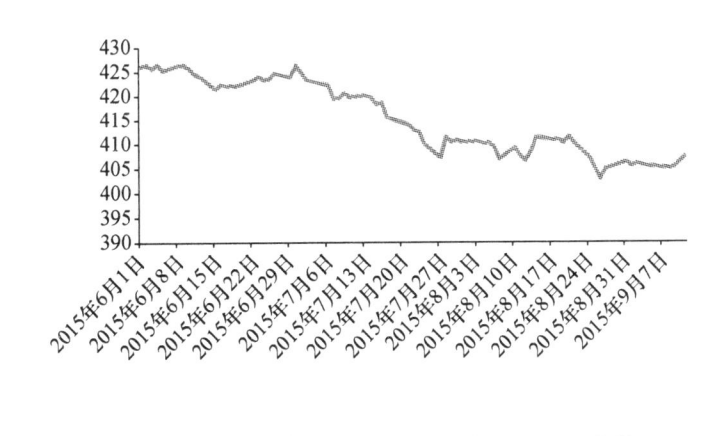

图4　2015年6—9月国际大宗商品CRB走势

资料来源：Wind资讯。

七　宏观调控政策将面临更多挑战

2015年第三季度，价格总水平明显回升似乎使得继续实施宽松货币政策的空间正在缩窄。对于未来宏观调控政策和工具的选择也存在争论。有研究认为，实际上CPI上涨主要受肉禽等食品价格大幅上涨影响，全年CPI涨幅不会高于年初预计水平，通货紧缩仍是当前主要矛盾；后续应继续发力，发挥托底政策的效果，拉动总需求增长。本文认为，今年CPI涨幅不会超过年初的预计目标，不过从当前CPI温和上涨的走势和最终消费的名义增长和实际增长的情况可以判断，宽松政策在保障经济增长的同时，对物价等经济指标的影响已初步显现。未来宏观政策选择难度将更大，重视产业政策和宏观审慎政策的应用，有效实现货币政策与财政政策的配合更为重要。

首先，应根据消费结构的变动趋势，合理调整CPI编制。现有CPI编制中，食品类比重较高，特别是猪肉等肉禽产品权重较高，其价格波动将明显影响CPI走势。实际上，随着居民收入水平提高，食品类消费占总支出比重逐渐下降，服务类商品消费比重正在上升，现有CPI编制在一定程度上不能反映价格总水平波动程度。除调整CPI编制构成之外，还应逐渐将商品的替代品种类和可替代程度引入指数编制，更好地反映单一产品价格波动的真实影响。

其次，建立重要商品价格管理和调控体系。加强猪肉、蔬菜等重要农产品流通基础建设，规范市场秩序，加强产销连接。降低农产品的运输成本，降低农产品批发市场和零售市场的摊位费，取消各种不合理的收费和罚款。提高农产品流通的信息化水平，做好产销对接工作，构建蔬菜生产、销售的市场信息网络，做好农产品尤其是鲜菜滞销的应急措施。加强对重要农产品生产的补贴以及农业保险等金融体系建设，维护供求平衡。

再次，引导煤炭、钢铁等产能过剩行业转型发展。对于煤炭、钢铁和冶金等高耗能、高污染行业，应出台相应产业政策，引导转型发展。从短期看，鼓励企业技术创新和节约成本，不断拓展新市场。从长期看，大力发展煤炭清洁化利用等，整合煤炭行业资源和市场，实现集约发展。

最后，注重金融体制改革，用金融工具规避价格风险。国际能源价格形成的金融化趋势非常明显。虽然国际大宗商品市场存在大量的投机套利行为，进而加剧价格波动，但是期货与衍生品等金融市场工具也为资源能源企业规避市场风险提供保障。加快能源金融体系建设，关系国内能源和经济安全，应引起足够重视。

专题六
第三季度房地产形势分析与展望

李 超

一 季度回顾：市场局部回暖，区域分化加剧

在前期宏观经济增速下降、股市波动的背景下，房地产市场的投资属性开始凸显。加上上半年中央和地方出台的一系列房地产市场宽松政策以及刚性需求的释放，住房市场开始局部回暖。主要表现为：商品房的销售额和销售面积同比涨幅扩大，商品住宅销售价格在历经近一年的同比下跌后首次出现反弹趋势，房地产企业库存量在年内首次出现下降。但与此同时，房地产开发投资却延续了近20

个月的下滑趋势，房地产开发企业土地购置面积持续大幅下降。综合来看，房地产市场在第 3 季度延续了局部回暖的趋势，区域分化现象进一步加剧。

（一）住宅销售继续回暖，库存年内首现减少

国家统计局 2015 年 8 月 70 个大中城市全国房地产销售情况显示，商品房销售面积 69675 万平方米，同比增长 7.2%，增速比 1—7 月提高 1.1 个百分点。其中，住宅销售面积增长 8.0%，办公楼销售面积增长 8.5%，商业营业用房销售面积增长 1.2%。商品房销售额 48042 亿元，增长 15.3%，增速提高 1.9 个百分点。其中，住宅销售额增长 18.7%，办公楼销售额增长 12.9%，商业营业用房销售额下降 2.5%。总体来看，住宅和办公楼的销售额增速要普遍高于销售面积增速，而商业营业用房销售面积和销售额则出现"一增一降"的变动趋势。

从分区域情况来看，东部地区商品房销售面积在 8 月同比增长 10.1%，销售额同比增长 22.2%；中部地区商品房销售面积同比增长 4.2%，销售额同比增长 7.4%；西部地区商品房销售面积同比增长 5.2%，销售额同比增长 4.3%。从库存情况来看，2015 年 8 月末，商品房待售面

积66324万平方米，比7月末增加65万平方米。其中，住宅待售面积减少194万平方米，办公楼待售面积减少7万平方米，商业营业用房待售面积增加157万平方米。住宅的去库存化速度要远高于办公楼，而商业营业用房的库存出现不降反增的趋势。其中，三线、四线城市整体上去库存化压力仍较大。

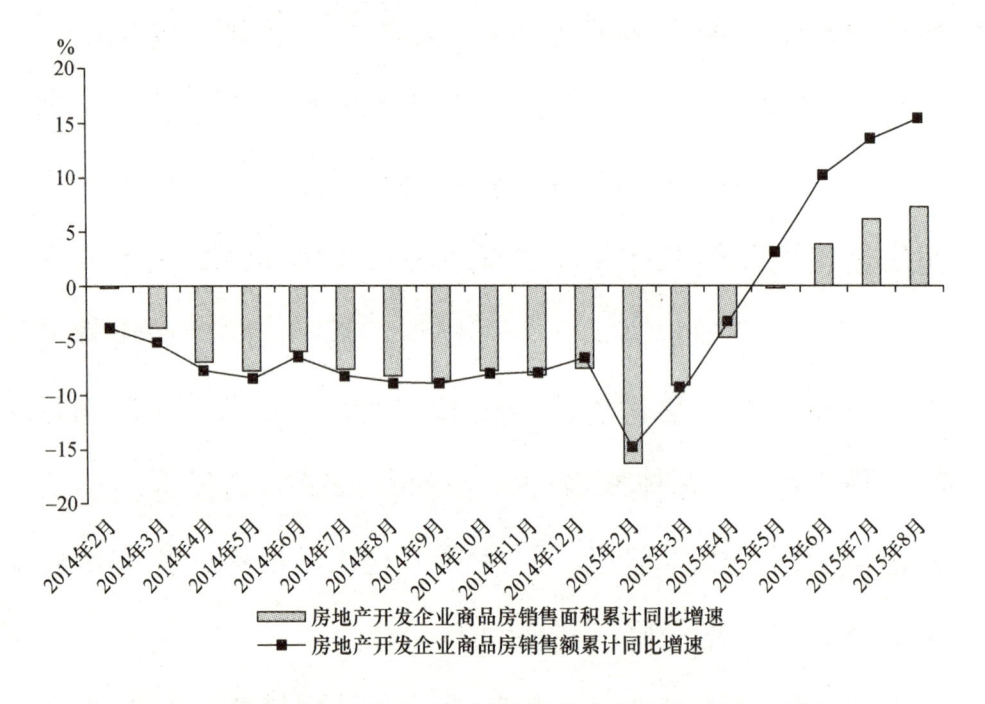

图1　房地产开发企业商品房销售面积和销售额累计同比增速

资料来源：中经网统计数据库。

（二）房地产价格止跌反弹，区域分化现象进一步凸显

国家统计局2015年8月大中城市住宅销售价格变动情

况显示，70个大中城市中，价格下降的城市有26个，上涨的城市有35个，持平的城市有9个。环比价格变动中，最高涨幅为5.2%，最低为下降0.5%。与去年8月相比，70个大中城市中，价格下降的城市有61个，上涨的城市有9个。同比价格变动中，最高涨幅为31.8%，最低为下降8.7%。新建商品住宅价格同比综合平均从7月下降0.4%转为上涨1.7%，自2014年9月以来首次由负转正。根据中国指数研究院的全样本调查数据，2015年8月全国100个城市（新建）住宅平均价格为10787元/平方米，环比上涨0.95%，涨幅较7月扩大0.41个百分点。同比来看，百城住宅均价在经历连续十个月同比下跌后，于2015年8月止跌反弹0.15%。

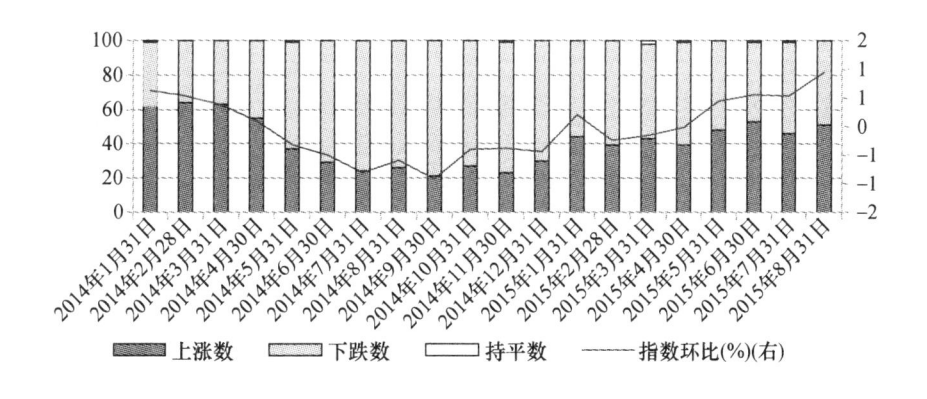

图2 2014年以来百城价格指数环比月度变化

资料来源：Wind资讯。

2015年第3季度延续了区域住房市场的分化格局，一线城市房价上涨环比幅度较大，二线城市次之，三线城市房价开始止跌上涨，但上涨幅度相对较小。在资本市场剧烈波动、宏观不确定性增大的冲击下，不同类型城市由于库存水平和潜在需求差异较大，市场反应不一。2015年7月、8月100个大中城市中，一线城市房价指数环比分别上涨3.55%、1.70%，二线城市房价指数环比分别上涨0.09%、0.22%，三线城市房价指数环比分别下降0.14%、上涨0.04%。一线城市的环比涨幅有所回落，而三线城市的环比涨幅由负转正。总体上延续了自2015年第2季度以来房价回升的态势，但环比涨幅略有收窄。

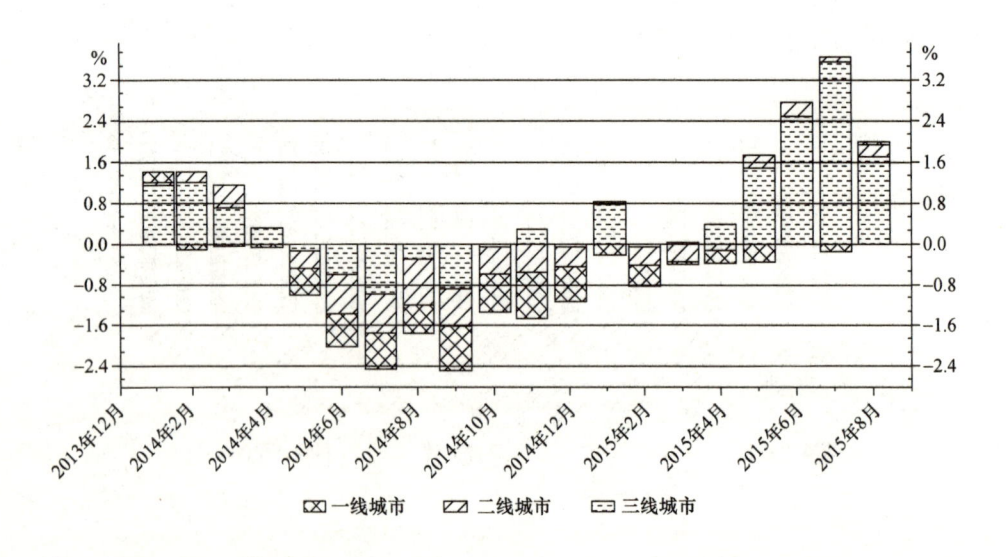

图3　中国百城住宅价格指数：一、二、三线城市环比增幅

资料来源：Wind资讯。

（三）土地购置面积维持低位水平，房地产开发投资继续回落

2015年1—8月，房地产开发企业土地购置面积14116万平方米，同比下降32.1%，降幅比1—7月扩大0.1个百分点；土地成交价款4294亿元，下降24.6%，降幅收窄1个百分点。受商品房前期库存基数较大以及土地购置面积持续大幅下降的影响，房地产开发投资继续回落。

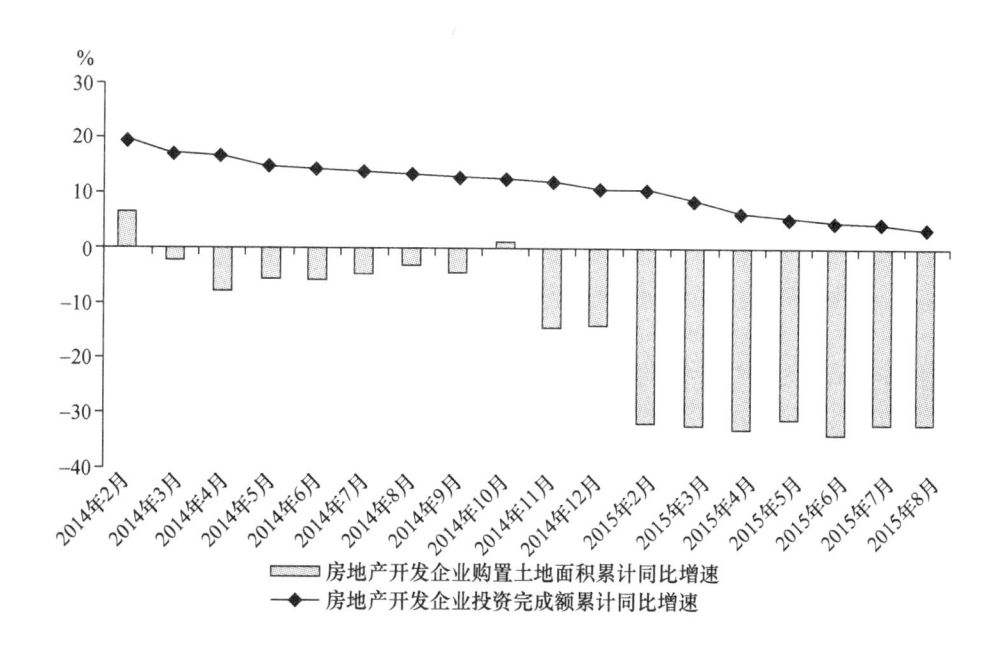

图4　房地产开发企业购置土地面积与投资完成额累计同比增速

资料来源：中经网统计数据库。

2015年1—8月，全国房地产开发投资61063亿元，同比名义增长3.5%，增速比1—7月回落0.8个百分点。其中，住宅投资41098亿元，增长2.3%，增速回落0.7个百分点，住宅投资占房地产开发投资的比重为67.3%。自2014年起，房地产开发投资已经连续20个月呈下滑趋势。其中，东部地区房地产开发投资34754亿元，同比增长3.7%；中部地区投资12717亿元，增长3.5%；西部地区投资13591亿元，增长3.3%。房地产开发投资增幅自东向西逐步递减。

（四）房地产开发企业到位资金小幅上涨，房地产开发景气指数缓慢回升

2015年1—8月，房地产开发企业到位资金79742亿元，同比增长0.9%，增速比1—7月提高0.4个百分点。随着商品房销售持续向好，今年1—3月以来，企业到位资金呈逐月回升走势，1—6月增速由负转正，房地产开发投资呈现出筑底反弹的迹象。8月，国家统计局房地产开发景气指数为93.46，比7月提高0.43点，已连续三个月回升。受"金九银十"等季节性和周期性的影响，2015年第3季度的小幅回暖迹象将会有利于房地产开发企业和消费者的市场信心恢复。

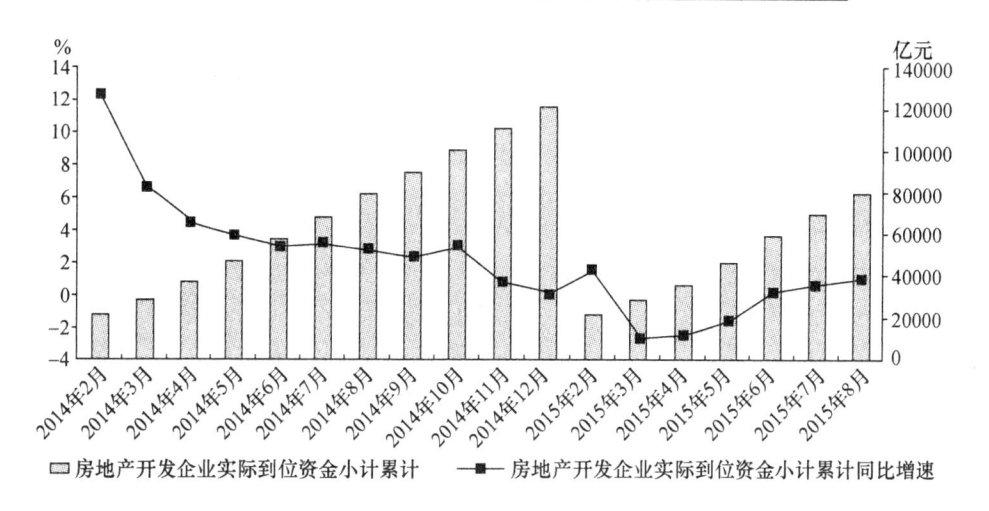

图5　房地产开发企业实际到位资金小计和累计同比增速

资料来源：中经网统计数据库。

（五）楼市宽松政策进一步出台，潜在住房需求有待释放

2015年第3季度，中央相继出台一系列楼市宽松政策，有利于进一步刺激需求和消化库存。8月19日，中央六部委联合公布《住建部等部门关于调整房地产市场外资准入和管理有关政策的通知》，对2006年中央出台的《关于规范房地产市场外资准入和管理的意见》中有关外商投资房地产企业和境外机构、个人购房的部分政策进行调整，取消对境外个人在国内购买住房的限制条件。8月26日，央行开始下调金融机构人民币贷款和存款基准利率。其中，金融机构一年期贷款基准利率下调0.25个百分点

至 4.6%；一年期存款基准利率下调 0.25 个百分点至 1.75%；其他各档次贷款及存款基准利率、个人住房公积金存贷款利率相应调整。8 月 31 日，住建部、财政部、央行发布《关于调整住房公积金个人住房贷款购房最低首付款比例的通知》，此次调整延续"认贷不认房"的公积金贷款标准，在"330"新政基础上，将一套房已结清的二套房首付下调至 20%。目前，公积金贷款购买首套房和二套房首付最低比例均为两成，与 2008—2009 年宽松水平相当。经过此轮的楼市调控政策，消费者购房压力将进一步减轻，潜在的刚性需求和改善性需求有待进一步释放。

二 主要问题：结构性矛盾十分突出

（一）住房需求结构的空间失配问题严重

2015 年第 3 季度仍然延续了住房市场的区域分化现象，并且这种需求结构问题更加突出。我们认为人口的流向是住房需求空间失配的症结所在。第六次人口普查数据显示，全国 8000 多万跨省流动人口中，有 4000 多万人流往十大城市，仅京沪深三市就吸纳了 2600 多万外来人口。

全国15个典型的人口迁入城市中，广东占5席，江苏占3席，浙江占2席，大多数分布在沿海发达地区；而在15个典型的人口迁出城市中，河南占5席，四川占3席，安徽、贵州各占2席，大部分都分布在中西部地区。这种人口异地城市化的格局将会导致人口的空间结构向东部沿海地区的大中城市倾斜。与此同时，中国劳动人口的这种跨区域迁移很大程度上表现为"半城市化"状态，户籍制度的存在以及其他有形和无形门槛，导致大量流动人口选择在流入地工作而仍在流出地买房。这种住房空间失配现象一方面加剧了农民工流出地的住房空置率，导致了资源的严重浪费；另一方面也无法妥善解决农民工在所在城市的实际住房问题。此外，从国际城市化的经验来看，一旦城市化率超过50%以后，人口流动方向将逐渐转化为从小城市进入大城市为主，大城市的房价涨幅将会超过其他类型城市。因此我国下一阶段的城市化将会进一步导致人口的空间结构向东部地区和大中城市倾斜，而由农村向三、四线城市的流入人口将会大大小于从三、四线城市的迁出人口。因此，许多三、四线城市的住房需求已经不具备高速扩张的人口基础，而一线城市和基本面较好的二线城市住房刚性需求和改善性需求依然强烈。

（二）结构性过剩与结构性短缺并存

受市场需求不足影响，上半年工业生产和销售增长双双放缓，对商品房市场产生了结构性影响。一方面，商品房的销售面积和销售额总量收窄；另一方面，办公楼和商业营业用房的销售面积和销售额收窄幅度要高于商品住宅。特别是互联网和电商的兴起对传统购物营销模式的巨大冲击，导致商业营业用房的销售面积和销售额持续低迷，库存积压严重。2015年8月，商业营业用房销售面积仅增长1.2%，销售额下降2.5%，与住宅销售面积增长8.0%、销售额增长18.7%形成了鲜明反差。从商品房的库存量来看，8月住宅待售面积减少194万平方米，办公楼待售面积减少7万平方米，商业营业用房待售面积增加157万平方米。住宅的去库存化速度要远高于办公楼，而商业营业用房的库存出现不降反增的趋势。因此，相对于住宅库存量，办公楼和商业营业用房的结构性过剩问题更加突出。另外，从需求结构来看，尽管存量住房从数量上已经出现结构性过剩，但是多数居民家庭对现有居住状况并不满足，居民改善住房条件的期望仍很迫切，优质住宅的短缺仍将维持一段时间。特别是在大城市，住房面积狭小和职住不平衡等结构性短缺问题仍然十分严重。

（三）房地产市场信心恢复需要一个长期过程

综合2015年第3季度的房地产市场表现来看，虽然市场表现出局部回暖的迹象，但离全面回升还有很长一段距离。商品房的销售额和销售面积同比涨幅扩大，商品住宅销售价格在历经近一年的同比下跌后首次出现反弹趋势，房地产企业库存量在年内首次出现下降，加上央行年内第二次"双降"等楼市利好信息，房地产市场信心有了一定恢复。但与此同时，房地产开发投资却延续了近20个月的下滑趋势，房地产开发企业土地购置面积持续大幅下降，在土地市场上仍然呈现出"剃头挑子一头热"的局面。不少城市土地供应有所放量，但普遍成为当地政府的独角戏，各地流拍连连，土地成交量并未因供应放量而大幅增长，且库存压力较大的城市成交的地块也多以底价成交为主，部分城市中心区域地块也难有溢价，房地产开发企业选择拿地和投资都十分谨慎，市场观望情绪仍十分浓厚。受"金九银十"等季节性因素影响，房地产市场在第3季度的局部回暖并不能从根本上扭转房地产市场的走势，市场信心的恢复归根结底还是要靠实体经济的支撑。

三 预测与展望：短期市场总体看好

（一）预测方法和步骤

本部分预测主要以离散数列微分方程的动态模型（Grey Modle）为基础，对2015年第4季度的中国房地产市场走势作出基本判断。基本思路是：将已知的数据序列按照某种规则生成动态或非动态的白色模块，通过对原始数据$x^{(0)}(k)$作累加处理，建立新的数列$x^{(1)}(k)$，据此建立$GM(1,1)$模型，然后随时将每一个新得到的数据置入$x^{(0)}(k)$中进行动态分析与预测。

基本步骤可以归纳如下：

（1）对时间序列数据集$x^{(0)} = \{x^{(0)}(1), x^{(0)}(2), x^{(0)}(3), \cdots, x^{(0)}(n)\}$进行$m$次累加处理，即$x^{(m)}(k) = \sum_{i=1}^{k} x^{(m-1)}(i)$，随机性被弱化$m$次后的新数列为：

$x^{(m)} = \{x^{(m)}(1), x^{(m)}(2), x^{(m)}(3), \cdots, x^{(m)}(n)\}$，$(m=1\cdots)$。

（2）令$z^{(m)}$为$x^{(m)}$的均值序列，$z^{(m)}(k) = 1/2[x^{(m)}(k) +$

$x^{(m)}(k-1)]$，则 $z^{(m)} = \{z^{(m)}(2), z^{(m)}(3), \cdots, z^{(m)}(n)\}$。在 $m=1$ 的情况下，$GM(1,1)$ 模型相应的微分方程可以表示为 $dx^{(1)}(t)/dt + \alpha x^{(1)}(t) = \mu$。式中，$\alpha$ 称为发展灰数，μ 称为内生控制系数。

（3）设 $\hat{\alpha}$ 为待估参数并进一步构造向量 Y_n 和矩阵 B，则矩阵 Y_n 可以表示为：

$$Y_n = \begin{bmatrix} x^{(0)}(2) \\ x^{(0)}(3) \\ \cdots \\ x^{(0)}(n) \end{bmatrix}, B = \begin{bmatrix} -\frac{1}{2}(x^{(1)}(1)+x^{(1)}(2)) & 1 \\ -\frac{1}{2}(x^{(1)}(2)+x^{(1)}(3)) & 1 \\ \cdots \\ -\frac{1}{2}(x^{(1)}(n-1)+x^{(1)}(n)) & 1 \end{bmatrix}$$

（4）利用最小二乘法求解系数 $\hat{\alpha}$，即 $\hat{\alpha} = \begin{pmatrix} \alpha \\ \mu \end{pmatrix} = (B^T B)^{-1} B^T Y_n$。

（5）根据 $GM(1,1)$ 方程求其白化预测模型解，可得时间响应函数：

$$\hat{x}^{(1)}(t+1) = \left[x^{(0)}(1) - \frac{\mu}{\alpha}\right] e^{-\alpha t} + \frac{\mu}{\alpha}$$

（6）针对累加后新数列的预测值进行一次累减生成

(1 - AGO), 可得原始数据的还原预测值:

$\hat{x}^{(0)}(t+1) = \hat{x}^{(1)}(t+1) - \hat{x}^{(1)}(t)$, 其中, $t = 1, 2, 3, \cdots, n$ 且 $\hat{x}^{(0)}(0) = 0$。

(7) 对 $GM(1, 1)$ 的模型预测结果进行残差检验。

(二) 预测结果及解读

2015 年第 3 季度, 房地产开发投资延续了近 20 个月的下滑趋势, 已回落至 3.5% 的同比增长水平, 而房地产开发企业土地购置面积也同比下降 32.1%。受"金九银十"等周期性因素影响, 以及房地产调控政策的利好因素和市场信心的缓慢恢复, 房地产开发投资将会在第 4 季度呈现出筑底反弹的迹象, 商品房销售额和销售面积将会延续局部回暖的趋势, 商品房销售价格特别是住宅销售价格将会小幅回升。总体而言, 尽管住房库存正被不断消耗, 但在经济低迷及资本市场不稳定的综合作用下, 预计短期住房市场仍将维持震荡的态势, 但向上趋势暂未发生变化。房地产市场的结构矛盾在第四季度仍会进一步延续, 短期一线城市房价继续上涨, 环比涨幅会相对扩大; 二线城市继续分化, 同比涨跌互现; 三、四线及以下城市房价仍将面临一个相当长的调整期。同时, 与住宅销售市场行情向好形成鲜明对比, 受实体经济增速放缓影响以及电子商务的兴起,商业营业用房的库存量将会进一步增加(见图6至图9)。

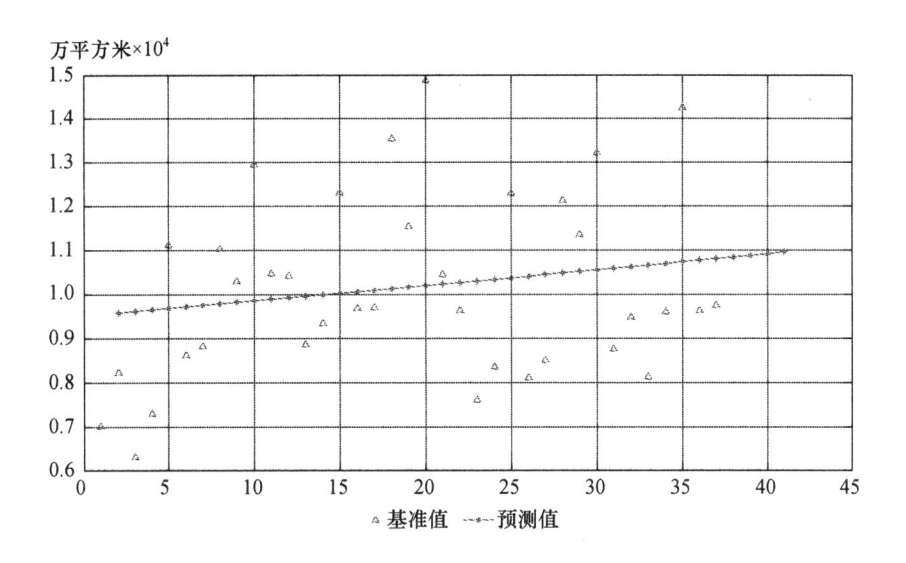

图6　2015年第3、4季度商品房销售面积走势预测

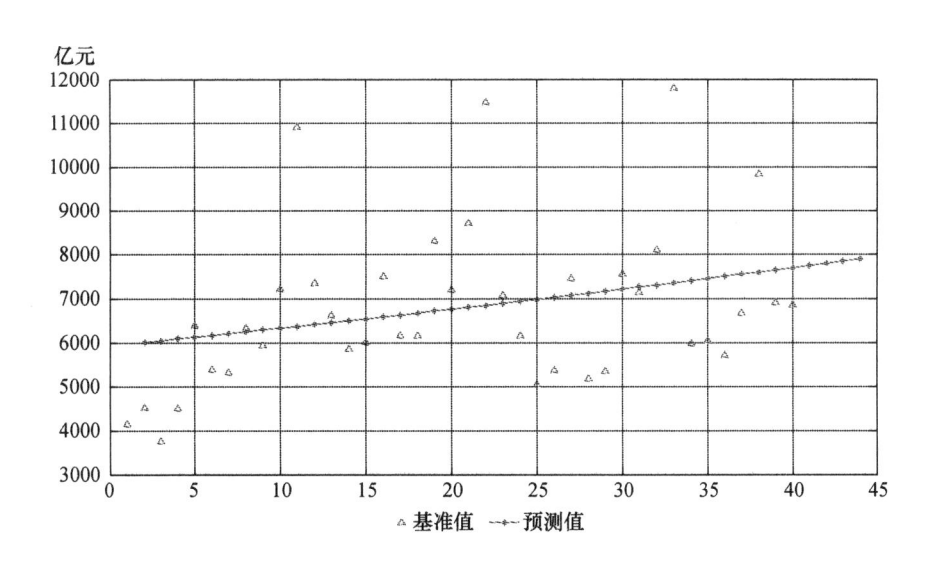

图7　2015年第3、4季度商品房销售额走势预测

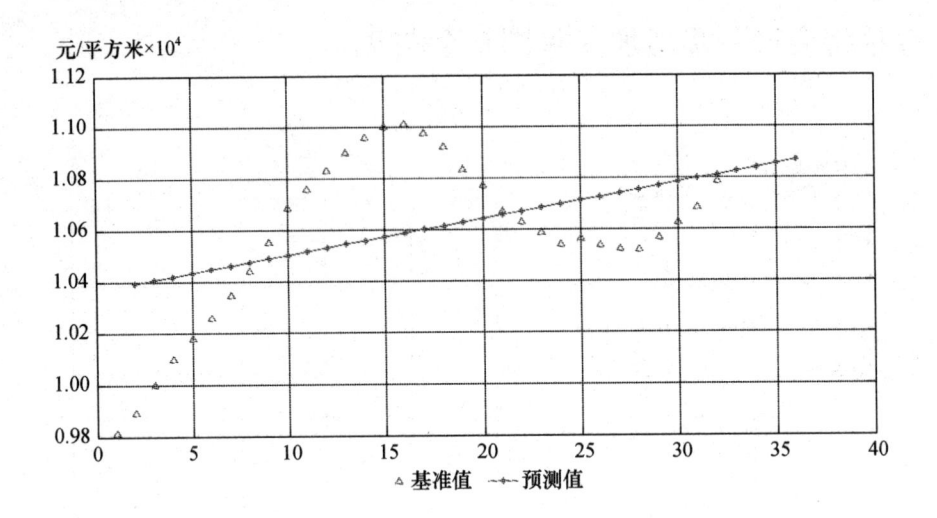

图8　2015年第3、4季度百城住宅平均价格走势预测

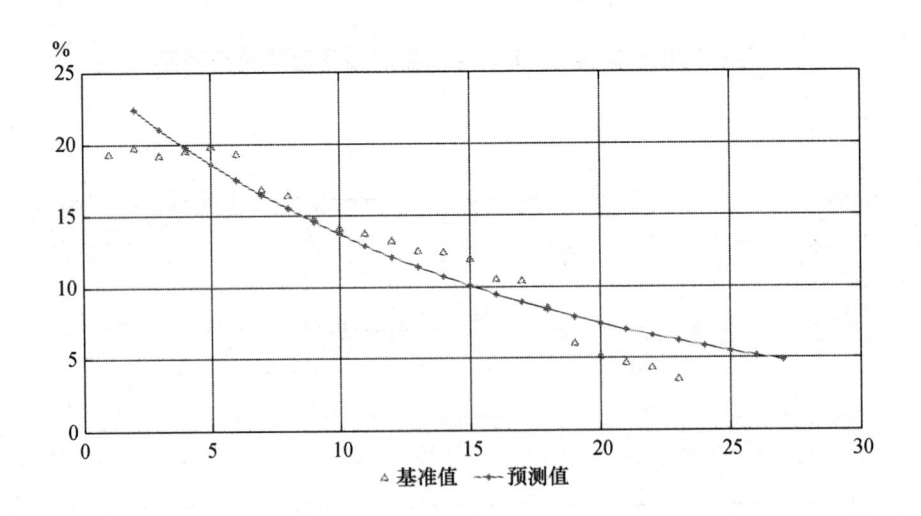

图9　2015年第3、4季度房地产开发投资增速预测

四 政策建议：市场导向，分类调控

从2015年的房地产市场表现来看，区域分化现象仍将持续，结构性过剩与结构性短缺并存。北上广深等一线城市由于受到供地约束和人口过度集聚的影响，其刚性需求和改善性需求还将依然强烈；二线城市和人口基本面向好的三线城市，开始从规模扩张转变为结构优化；其他三、四线城市由于人口规模和房地产市场增长后劲乏力，面临着严重的去库存化压力。因此，在下半年市场回暖的形势下，必须进一步明确和把握分类调控的策略导向。

（一）建立以人口基本面为导向的分类城市住房调控体系

中国住房市场的区域分化现象将会长期持续，城镇化的新态势将会引发不同等级的城市出现不同的市场特点，调控的力度和方式也需要有所差异。下一阶段的城市化将会导致人口的空间结构向东部沿海地区和大中城市倾斜，而三、四线城市的流入人口将会小于其迁出人口。因此，要加快形成以人口流入和流出为基本面的分类城市住房调控体系，有效解决住房需求的空间失配现象并预防住房市场的潜在风险。

（二）支持改善性住房需求，持续改善居民住房条件

当前中国住房需求结构正逐渐由刚性需求为主转变为以改善型需求为主，从二手房交易量大于新房的城市越来越多的现象也可以看出，在未来人口红利逐步消失后，改善型需求将成为去库存化的重要抓手。与此同时，随着我国城乡住房总量供给不足的矛盾逐渐转变为结构性失衡的矛盾以后，积极主动的房地产调控政策需要进一步激活存量市场，充分利用金融、税收等政策杠杆，支持和保护有条件的居民持续换购住房的改善性住房需求行为。鼓励建立政策性中介机构，降低房地产交易环节税费，积极协调解决迁移人口的住房空间失配问题以及大城市居民的职住不平衡矛盾。

（三）改变以增量为主的调控方式，积极培育二手房和租赁市场

为了应对过去十多年来住房市场的持续高涨，各级政府事实上采取了以新建住宅增量为主的调控方式。这种管理思路在过去十多年来供需不平衡时期可以说具有一定的合理性，也发挥了积极作用。但是，随着中国近些年来住房供给的持续增加，住房市场结构已经演变为巨大存量与有限增量的组合。因此，在当前形势下，仍然坚持以增量为主的调控方式已不适应市场化需求，应保证在一定增量供给的前提下去积极盘活二手房市场和租赁市场的存量，以防止总量供给过剩而导致区域结构失调的现象发生。

（四）建立需求导向的房地产供给结构，积极消化积压库存

长期以来，"一刀切"的住房调控和供给政策导致了一、二线城市土地和住房供给不足，而三、四线城市土地和住房供给过剩的"结构性过剩与结构性短缺并存"现象。虽然近年来引起了中央和地方的高度重视，但在面对经济不景气时许多地方政府仍寄希望于房地产市场。这种现象必须在供给端进行有效调控和遏制。同时，针对2015年第3季度出现的商业营业用房库存迅速增加的现象，可以适时调整该类型商品房的供给量，必要时可以尝试"商改住"等房地产用途结构的调整。